만화로 쉽게 배운다!

기초 영문법

7

사와이 고스케 지음 박원주 감역
세키야 유카리 만화 김선숙 옮김

일 만에
끝내기 워크북

BM (주)도서출판 **성안당**

※ 『만화로 배운다! 기초 영문법 7일 만에 끝내기』를 말한다.

CONTENTS

7-day workbook on the basics of
English grammar

7 *days*

차례

CHARACTER

등장인물 소개

개성 강한 이 책의 등장인물을 소개합니다.
7일간의 강의를 다채롭게 해줄 세 사람과
고양이 한 마리를 기억해두시길!!

강사 역 / 참고서 작가

와이 쌤

쉽게 공부할 수 있어요!
비법만 터득하면

WAI

아악

타임키퍼 역 / 고양이

걷는 고양이

나도 함께
걸어볼까냥?

\ 7일 동안 /
마냥 걷는 고양이

페이지 아래에서 걷는 고양이를 보면 그날
얼마나 공부했는지 한눈에 알 수 있다! 당신
의 공부를 응원해 주는 믿음직한 친구!

[생일]	불명
[혈액형]	불명
[취미]	산책
[싫어하는 것]	뱀

\ 열정이 넘치는 /
참고서 작가

대형 입시학원에서 영어 강사를 하다가 영어
참고서를 내고 싶은 소원을 이루기 위해 학원
을 그만두었다. 그 뒤로는 책을 내기 위한 만
반의 준비를 끝낸 상태에서 수백 쪽의 원고와
한 장의 기획서를 들고 출판사를 찾아왔다.

[생일]	5월 5일
[혈액형]	불명
[취미]	술 마시기, 참고서 수집
[싫어하는 것]	무서운 놀이기구

학생 역 / 만화가

유리

지도 조언자 역 / 편집자

지유

\ 잘 휩쓸리는
밝은 성격의 만화가 /

순수하면서도 대범한 성격이어서 부탁을 받으면 잘 거절하지 못한다. 이러한 성격 때문에 같은 날, 같은 출판사에 원고를 제출하러 온 와이 선생님의 샘플 수업에서 학생 역을 맡게 되었다.

[생일]　　　　　6월 28일
[혈액형]　　　　O형
[취미]　　　　　음악 감상, 수예
[싫어하는 것]　　다리가 많은 벌레

\ 대담무쌍한
편집자 /

출판사 편집부에서 참고서 부문을 담당하고 있다. 젊지만 거리낌 없는 언동을 보이며 때로는 직설적으로 말하기도 한다. 그 행동을 언뜻 보면 까칠해 보이지만 참고서 편집에는 남다른 열정을 갖고 있다.

[생일]　　　　　7월 12일
[혈액형]　　　　A형
[취미]　　　　　스마트폰 게임, 독서
[싫어하는 것]　　카레라이스

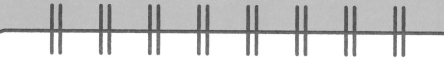

1
첫째 날

명사

명사를 쓰는 규칙

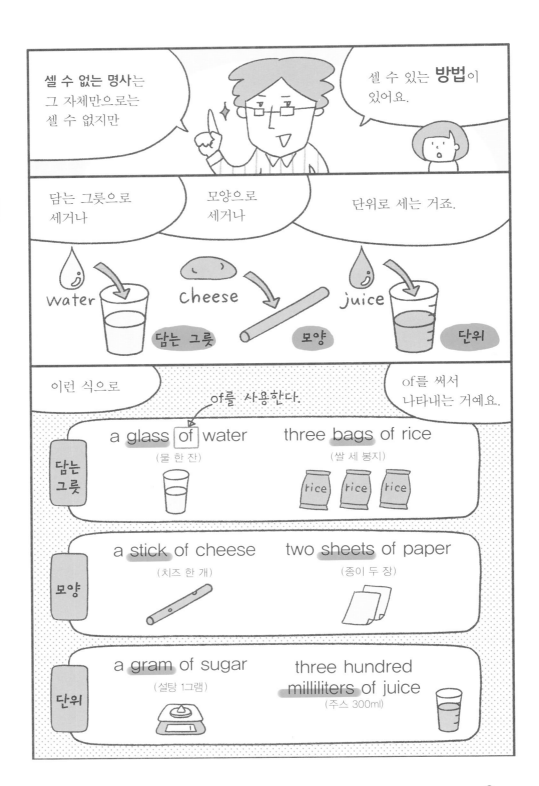

요점을 확인해 보세요!

영어 명사는 좀 까다로운 존재예요. 우리말을 할 때는 생각하지 않아도 되는 것을 이것저것 생각해야 되니까요. 영어를 제대로 쓰기 위해서 우선 명사를 알아야 하는 이유가 여기에 있답니다.

명사

명사를 쓰는 규칙

명사의 쓰임새를 파악한다

1 명사는 다음 두 가지로 분류된다.

▼ 규칙 확인!

❶ 셀 수 있는 명사(가산명사) ······ 다른 것과 경계선이 명확해서 '1개' '2개'로 셀 수 있는 것. 구체적인 것.
　　　　　　　　　　　　　 예 bird (새) / pen (펜) / tower (탑)
❷ 셀 수 없는 명사(불가산명사) ······ 일정한 형태가 없는 물질. 막연한 것. 추상적인 것.
　　　　　　　　　　　　　 예 silver (은) / air (공기) / honesty (정직함)

원 포인트!!

> 명사에는 셀 수 있는 명사와 셀 수 없는 명사가 있는데요. 셀 수 있는 명사와 셀 수 없는 명사는 쓰임새가 달라요. 그러니까 명사가 어느 쪽에 해당되는지 알아둘 필요가 있습니다.

2 셀 수 있는 명사는 한 개(단수)인지, 두 개 이상(복수)인지 나타내야 한다.

▼ 규칙 확인!

[단수(1개)인 경우]
명사 앞에 a 또는 an을 쓴다. 단어 첫소리가 모음(a, e, i, o, u)일 경우에는 an을 쓰고 그 이외에는 a를 쓴다.
예 a bird (새) / a hat (모자) / an eye (눈) / an olive (올리브)

- -

[복수(2개 이상)인 경우]
명사 뒤에 −s 또는 −es를 붙여 쓴다. s, o, x, sh, ch로 끝나는 명사에는 −es를 붙이고 그 이외에는 −s를 붙인다.
예 dogs (개) / desks (책상) / classes (학급) / potatoes (감자)

GOAL

원 포인트 !!

'1개'인지, '2개 이상'인지 나누어 생각하는 것이 중요해요.

3 셀 수 없는 명사에는 a, an을 쓰지 않고, -s, -es도 붙이지 않는다.

4 셀 수 없는 명사는 '담는 그릇'이나 '모양', '단위'로 셀 수 있다. '담는 그릇', '모양', '단위'에 해당하는 말은 셀 수 있는 명사이므로 이 부분에는 a, an을 쓰거나 -s, -es를 붙여 쓴다.

▼ 구체적인 예로 확인!

a cup | of | milk (우유 한 컵) → cup은 담는 그릇

two sticks | of | cheese (치즈 2개) → stick은 모양(막대기 모양)

five grams | of | gold (금 5g) → gram은 단위

원 포인트 !!

a cup, stick**s**, gram**s**와 같이 담는 그릇, 모양, 단위를 나타내는 말에는 a(an)를 쓰거나 -s(-es)를 붙인다는 것을 확인할 수 있습니다.

5 셀 수 있는 명사와 셀 수 없는 명사로 모두 쓰는 명사가 있다.

▼ 구체적인 예로 확인!

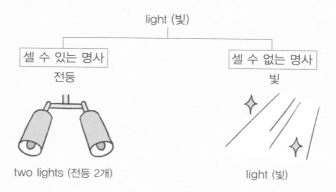

light (빛)

| 셀 수 있는 명사 | 셀 수 없는 명사 |
| 전등 | 빛 |

two lights (전등 2개)   light (빛)

원 포인트 !!

같은 light라도 '전등'이라는 의미로 쓸 때는 셀 수 있는 명사이고, '빛'이라는 의미로 쓸 때는 셀 수 없는 명사입니다.

23

연습문제를 풀어보세요!

명사

명사를 쓰는 규칙

1 다음 명사가 셀 수 있는 명사이면 A, 셀 수 없는 명사이면 B로 표시하세요.

(1) milk (우유)

(2) yoghurt (요구르트)

(3) cookie (쿠키)

(4) bread (빵)

(5) charity (자애 · 자선)

(6) equality (평등)

(7) function (기능)

2 다음 명사는 셀 수 있는 명사로도, 셀 수 없는 명사로도 쓸 수 있습니다. 각 단어의 의미를 ☐ 안에 쓰세요.

(1) fire

셀 수 있는 명사: ☐   셀 수 없는 명사: ☐

(2) paper

셀 수 있는 명사: ☐   셀 수 없는 명사: ☐

(3) work

셀 수 있는 명사: ☐   셀 수 없는 명사: ☐

3   다음 우리말을 영어로 쓰세요.

(1) 커피 한 잔

_____

(2) 와인 세 잔

_____

(3) 모래 4상자

_____

(4) 설탕 2봉지

_____

4   다음 우리말을 영어로 쓰세요.

(1) 목재 2개

_____

(2) 종이 1장

_____

(3) 털실 한 뭉치

_____

(4) 물 3방울

_____

1

2

3

4

5

6

7

STEP 2

5 다음 우리말을 영어로 쓰세요.

(1) 쌀 2톤

명사

명사를 쓰는 규칙

(2) 금 1그램

(3) 맥주 3리터

(4) 눈 5미터

Break Time 4frame THEATER

작품 번호 001~008은 『만화로 배운다!
기초 영문법 7일 만에 끝내기』에 게재
되어 있습니다.

정답을 맞춰보세요!

1
(1) B 셀 수 없는 명사 (2) B 셀 수 없는 명사 (3) A 셀 수 있는 명사
(4) B 셀 수 없는 명사 (5) B 셀 수 없는 명사 (6) B 셀 수 없는 명사
(7) A 셀 수 있는 명사

2
(1) 셀 수 있는 명사 : 화재   셀 수 없는 명사 : 불
(2) 셀 수 있는 명사 : 신문·논문   셀 수 없는 명사 : 종이
(3) 셀 수 있는 명사 : 작품   셀 수 없는 명사 : 일·노동

3
(1) a cup of coffee (2) three glasses of wine
(3) four boxes of sand (4) two bags of sugar

4
(1) two sticks of wood (2) a sheet of paper
(3) a ball of wool (4) three drops of water

5
(1) two tons of rice (2) a gram of gold ※ a 대신 one도 가능
(3) three liters of beer (4) five meters of snow

1

(1) 정답 B 셀 수 없는 명사
와이 쌤 milk가 왜 셀 수 없는 명사인지 알았어요?

유리 water는 '물질'이니까 셀 수 없는 명사잖아요. milk도 마찬가지로 액체라서 셀 수 없는 명사라고 생각했죠.

와이 쌤 좋아요. 그 밖에 wine(와인)이나 beer(맥주), vinegar(식초) 같은 액체도 전부 셀 수 없는 명사니까 알아두세요.

(2) 정답 B 셀 수 없는 명사
와이 쌤 yoghurt는 어땠어요?

유리 좀 헷갈렸어요. 요구르트는 액체 같기도 하고, 개체 같기도 해서요. 근데 '하나', '둘' 세는 건 아니잖아요. 그러니까 셀 수 없는 명사라고 생각했죠.

와이 쌤 그래서 맞췄군요.

(3) 정답 A 셀 수 있는 명사
와이 쌤 cookie는 헷갈리지 않았죠?

유리 네. 헷갈리지 않았어요. 쿠키는 단단하게 굳은 거라서 '하나', '둘' 하고 셀 수 있으니까요.

(4) 정답 B 셀 수 없는 명사
와이 쌤 bread는 셀 수 있는 명사라고 생각하

는 사람이 많은데, 유리 씨는 어땠어요?

유리 쿠키가 셀 수 있는 명사라면 빵도 셀 수 있는 명사라고 생각했죠.

와이 쌤 빵과 쿠키는 둘 다 밀가루가 주원료이고, 구웠다는 점에서는 같아요. 그런데 굽고 나서 먹는 방법이 좀 다르잖아요.

유리 먹는 방법요? 버터를 바른다거나 그냥 먹는다거나 그런 걸 말하는 건가요?

와이 쌤 아니, 그게 아니라 빵은 큰 덩어리로 구워서 그걸 잘라 먹잖아요. '물질'로서 완성하여 그걸 '개수'로 나눈 다음에 먹는 거라는 말이죠. 하지만 쿠키는 다 구워지면 그걸 그대로 먹잖아요.

유리 쿠키는 구워진 시점에서 이미 '개수'가 되어 있다는 거군요.

와이 쌤 그렇죠. 그러니까 cookie는 셀 수 있는 명사인 거예요. 하지만 bread는 '물질'인 water나 air처럼 셀 수 없는 명사이고요. 비슷한 재료로 똑같이 만드는 식품도 완성된 걸 먹는 방법에 따라 이렇게 셀 수 있는 명사가 되기도 하고, 셀 수 없는 명사가 되기도 하는 거예요.

유리 정말 영어는 복잡한 언어 같아요.

와이 쌤 하지만 흥미로운 언어이기도 하죠.

유리 좀 재미있는 면도 있긴 해요.

와이 쌤 사람이 주변의 사물과 어떻게 관련되어 있는지, 그리고 그걸 어떻게 받아들여야 하는지 언어에 반영되어 있으니까요.

유리 맞아요.

와이 쌤 그러니까 언어 공부는 '인간이란 무엇인가'를 알아가는 공부이기도 한 거예요.

유리 언어에도 그렇게 깊은 뜻이 있었군요.

(5) 정답 B 셀 수 없는 명사

유리 이건 괜찮았어요. charity는 love와 마찬가지로 추상적이고 막연하잖아요.

와이 쌤 맞아요. 그러니까 셀 수 없는 명사예요.

(6) 정답 B 셀 수 없는 명사

유리 이것도 마찬가지예요. '평등'은 '하나', '둘' 셀 수 있는 게 아니잖아요.

와이 쌤 equality는 당연히 셀 수가 없죠. 우리도 '평등 4개'라고는 하지 않잖아요.

(7) 정답 A 셀 수 있는 명사

와이 쌤 이건 좀 어려웠을 것 같은데요. function은 셀 수 없는 명사라고 생각하지 않았어요?

유리 당연히 셀 수 없는 명사라고 생각했죠. '기능'은 눈에 보이는 게 아니니까요.

와이 쌤 '기능'은 apple이나 bird처럼 확실한 형태를 가진 것에 비하면 '셀 수 있는 명사' 같지가 않을 거예요. 하지만 예를 들면 '이 기계에는 다섯 가지 기능이 있다.'라는 문장은 자연스럽잖아요.

유리 그렇긴 하네요.

와이 쌤 그러니까 function은 셀 수 있는 명사인 거예요.

유리 그럼 우리말로 '하나', '둘' 셀 수 있는 건 다 셀 수 있는 명사라고 할 수 있나요?

와이 쌤 반드시 그렇다고는 할 수 없어요. information(정보)이라는 말을 예로 들자면, 우리말로는 '좋은 정보가 하나 들어왔다'라고 말할 수는 있지만, 이건 셀 수 없는 명사예요.

유리 셀 수 있는 명사와 셀 수 없는 명사를 구분하는 게 꽤 어렵네요. 단번에 알아볼 수 있는 뭔가 특효약 같은 게 없을까요?

와이 쌤 특효약은 아니지만 다음과 같은 시점으로 파악하면 꽤 효과적일 거예요.

1

2

3

4

5

6

7

명사

명사를 쓰는 규칙

✓ '수'로 파악하는 것 → 셀 수 있는 명사
✓ '양'으로 파악하는 것 → 셀 수 없는 명사

와이 쌤 이런 관점으로 information(정보)에 대해 생각해 보죠. '정보수'라는 말과 '정보량'이라는 말 중에 어느 쪽이 더 자연스러운 느낌이 들죠?

유리 그야 '정보량'이죠. 그러니까 information은 셀 수 없는 명사군요. 이거 정말 편리한 구분법이네요.

와이 쌤 이게 만능은 아니지만, 하나의 판단 기준이 될 수는 있어요.

유리 네! 기억해둘게요.

2

(1) 정답 셀 수 있는 명사 : 화재 / 셀 수 없는 명사 : 불

와이 쌤 fire는 셀 수 없는 명사의 의미가 먼저 생각나지 않았어요?

유리 네, 맞아요. 셀 수 없는 명사인 '불'의 의미는 생각났는데, '화재'는 생각나지 않아서 틀렸어요.

와이 쌤 화재는 '한 건', '두 건'으로 셀 수 있거든요. 영한사전에서 fire를 찾아보면 셀 수 없는 명사임을 나타내는 Ⓤ 마크 부분에 '불'이라고 뜻이 나와 있죠. 셀 수 있는 명사임을 나타내는 Ⓒ 마크 부분에는 '화재'라고 나와 있고요.

(2) 정답 셀 수 있는 명사 : 신문, 논문 / 셀 수 없는 명사 : 종이

와이 쌤 paper는 어땠어요?

유리 '종이'라는 의미만 생각났어요. 이게 셀 수 있는 명사인지, 셀 수 없는 명사인지조차도 헷갈렸거든요.

와이 쌤 '종이'를 뜻할 경우는 물질로서 취급

되기 때문에 셀 수 없는 명사인 거예요. paper에는 '종이' 외에 '신문'이나 '논문'이라는 의미도 있는데, 이런 의미로 쓸 때는 셀 수 있는 명사인 거고요.

유리 newspaper의 paper를 말하는 거군요.

와이 쌤 그래요. 그래서 paper만으로도 '신문'이라는 뜻이 되는 거예요. 신문은 '한 부', '두 부', 논문은 '한 편', '두 편'으로 셀 수 있으니까 셀 수 있는 명사고요.

(3) 정답 셀 수 있는 명사 : 작품 / 셀 수 없는 명사 : 일/노동

와이 쌤 work, 이건 '일', '노동'이라는 뜻만 떠오른 거 아니에요?

유리 네.

와이 쌤 그럼 '일', '노동'이라는 의미일 경우는 셀 수 있는 명사와 셀 수 없는 명사 둘 중 어느 쪽일 것 같아요?

유리 아까 가르쳐 준 판단 기준을 사용해 생각해보면… '노동수'보다 '노동량'이 더 자연스러우니까 셀 수 없는 명사인 것 같은데요. 그런데 work에 '작품'이라는 의미가 있다고는 생각하지 못했어요.

와이 쌤 work는 '작품'이라는 의미로도 많이 쓰는데요, 작품량보다 작품 수 쪽이 훨씬 자연스러운 표현이에요. 그러니까 '작품'이라는 의미로 쓸 경우는 셀 수 있는 명사인 거죠.

3

(1) 정답 a cup of coffee

와이 쌤 이건 어땠어요?

유리 이건 특별히 어렵게 느껴지진 않았어요.

(2) 정답 three glasses of wine

와이 쌤 glass의 복수형은 잘 만들었나요? 셀 수 없는 명사는 아무것도 붙이지 않고 그대로

쓰지만, 담는 그릇으로 셀 경우에는 단수인지, 복수인지 담는 그릇에 나타내줘야 해요.

유리 glass를 복수형으로 만들어야 한다는 건 알고 있었는데, 깜박하고 그만 −s를 붙이고 말았어요. −es를 붙여야 하는데 말이죠.

와이 쌤 그건 누구나 틀리기 쉽지요. 외우는 방법과 함께 정리해볼까요?

✓CHECK

- ✓ 대부분 명사의 복수는 명사 뒤에 −s를 붙인다.
- ✓ s, o, x, sh, ch로 끝나는 명사는 명사 끝에 −es를 붙인다.

※ s, o, x, sh, ch는 's, o, x(양말)'과 'sh, ch (소취)'로 나눈 후 이미지로 외운다.

✓CHECK

'sox · sh ch'를 '양말 소취'라고 외우면 잘 잊어버리지 않을 거예요.

네

---

(3) 정답 four boxes of sand

와이 쌤 이건 어땠어요?

유리 이것도 틀렸어요. s를 붙여서 boxs라고 해버렸어요. x로 끝나는 단어니까 es를 붙여야 하는데 말이에요.

와이 쌤 'sox · sh ch', '양말 소취'니까 −s가 아니라 −es를 붙여야 하겠죠.

(4) 정답 two bags of sugar

유리 이건 bag이 떠오르지 않았어요. bag이라고 하면 아무래도 외출할 때 드는 가방만 생각나거든요.

와이 쌤 뜬금없는 질문이지만 유리 씨, 홍차 좋아해요?

유리 네, 좋아하죠.

와이 쌤 집에서 마실 때 매번 양을 재서 티포트에 넣어서 마시나요?

유리 아뇨, 티백으로 마셔요.

와이 쌤 그것 봐요. 'bag=봉지'인 거잖아요!

유리 앗, 그렇구나! 봉지가 bag이구나!

4

(1) 정답 two sticks of wood

와이 쌤 4에서는 담는 그릇이 아니라 모양으로 세는 방법을 알아야 해요. 우선 담는 그릇으로 세는 경우와 모양으로 세는 경우를 비교해서 나타내 볼게요.

✓CHECK

- ✓ 담는 그릇으로 세는 경우
  → 수치 + 담는 그릇 + of + 셀 수 없는 명사
- ✓ 모양으로 세는 경우
  → 수치 + 모양 + of + 셀 수 없는 명사

유리 수치와 of 사이에 넣는 것만 다른 거잖아요.

와이 쌤 그래요. 이 부분에 모양을 나타내는 단어를 넣으면 '그릇'에 담아 셀 때와 마찬가지로 셀 수가 있어요. 문제는 모양을 나타내는 말을 제대로 떠올리느냐, 떠올리지 못하느냐는 거죠. stick은 어땠어요?

유리 '치즈 스틱'이라는 말도 있으니까 목재도 같을 거라고 생각했어요.

와이 쌤 추리를 잘하네요. 정답이에요.

STEP 3

명사

명사를 쓰는 규칙

✔CHECK

막대 모양의
물건이라면

stick

stick으로
나타내면
된다.

👧 유리▶ 헷갈릴 때 비슷한 걸로 추리하는 건 효과적인 방법인가요?

😎 와이 쌤▶ 그렇죠. 셀 수 있는 명사인지, 셀 수 없는 명사인지를 판단할 때뿐만 아니라 '비슷한 것으로 유추'해 보는 게 좋을 때가 많지요.

(2) 정답 a sheet of paper

👧 유리▶ 종이 '매수'를 sheet로 나타낸다는 건 생각이 났어요. 종이 말고도 a sheet of ~로 표현하는 게 있나요?

😎 와이 쌤▶ 물론 있지요. 예를 들어 비닐 한 장이라면 a sheet of plastic이고, 나무 한 장이라면 a sheet of wood라고 하죠. 참고로 '종이 한 장'은 a piece of paper라고 표현해도 돼요. piece는 제대로 된 종이 말고 찢어진 종이 쪽지 같은 것도 나타낼 수 있거든요.

(3) 정답 a ball of wool

👧 유리▶ 이건 좀 긴가민가했어요. '뭉치'라서 'ball'이라는 말은 생각났는데, 이 단어를 a ball of ~라는 식으로 써본 적이 없어서 이대로 써도 될지 몰랐거든요.

😎 와이 쌤▶ 그건 헷갈리는 게 당연하죠. a ball of

~라는 표현을 즉시 떠올리는 사람은 거의 없을 거예요.

👧 유리▶ 그런가요? 좀 안심이 되네요.

😎 와이 쌤▶ 헷갈려 하면서 하나씩 a … of ~라는 표현을 몸에 익히면 되는 거예요.

(4) 정답 three drops of water

😎 와이 쌤▶ 이건 좀 어려웠죠?

👧 유리▶ 네. 전혀 몰랐어요.

😎 와이 쌤▶ '모양'이라고 하면 굳어 있는 고형이라고 쉽게 생각하지만, 액체도 경우에 따라서는 모양이 되지요. 방울방울도 일종의 모양이고요. 그러니까 'a drop of 셀 수 없는 명사', 'two drops of 셀 수 없는 명사' 같은 표현도 있을 수 있어요. 그럼 '피 한 방울'은요?

👧 유리▶ a drop of blood!

😎 와이 쌤▶ 빙고!!

5

(1) 정답 two tons of rice

😎 와이 쌤▶ 이건 어땠어요?

👧 유리▶ 어렵지 않았어요.

😎 와이 쌤▶ 지금까지 '담는 그릇'이나 '모양'이 들어갔던 부분에 '단위'가 들어가서 '수치+단위+of+셀 수 없는 명사'라고 하는 형식이 되었어요. 여기서도 역시 수치가 둘 이상이면 수치 다음에 있는 단어를 복수형으로 써줘야 해요.

👧 유리▶ 네. tons로 말이죠.

😎 와이 쌤▶ 이 -s(혹은 -es)를 붙이는 걸 잊어버리는 경우가 많으니까 정리해 두기로 하지요.

✔CHECK

> ✓ **수치+담는 그릇·모양·단위+of+셀 수 없는 명사**
> 이 수치가 2 이상인 경우에는 이 부분을 복수형으로 표현한다.

(2) 정답 a gram of gold

※ a 대신 one도 가능.

와이 쌤 이건 어땠어요?

유리 이것도 괜찮았어요.

와이 쌤 a 대신 one을 사용해서 one gram of gold로 해도 맞는 답이에요.

(3) 정답 three liters of beer

유리 이건 liter 철자를 쓰지 못했어요.

와이 쌤 흔히 쓰는 영어 단어인데도 철자를 쓰려고 하면 의외로 잘 써지지 않는 게 많지요. 이런 것도 외워두는 게 좋아요.

유리 네, 맞아요.

(4) 정답 five meters of snow

와이 쌤 meters는 잘 썼나요?

유리 이건 썼어요.

와이 쌤 여기까지는 셀 수 없는 명사를 '담는 그릇'이나 '모양', '단위' 같은 걸로 셌지만, 이 중 어느 것으로도 셀 수 없는 것도 있어요. 예를 들면 love가 바로 그 경우죠.

유리 그렇겠네요. love는 그릇에 담을 수도 없고, 물체가 아니니까 모양을 만들 수도 없잖아요. love를 세는 단위 같은 건 없는 거죠?

와이 쌤 그렇다고 해서 셀 수 있는 방법이 없는 건 아니에요. 우리말에 '한 조각의 사랑'이라는 말이 있는 것처럼 piece를 이용해 a piece of love와 같이 표현할 수 있거든요. a piece of chocolate(초콜릿 한 조각)의 a piece는 실제로 손에 닿을 수 있는 '한 조각'이지만,

a piece of love의 a piece는 말하자면 비유적인 표현인 거예요. 이런 식으로 piece는 응용 범위가 넓어요.

와이 쌤 그럼 한 가지 연습해보지요. '하나의 정보'는요?

유리 a piece of information이죠!

와이 쌤 정답! 그럼 오늘은 이것으로 마치도록 하겠습니다.

1

2

3

4

5

6

7

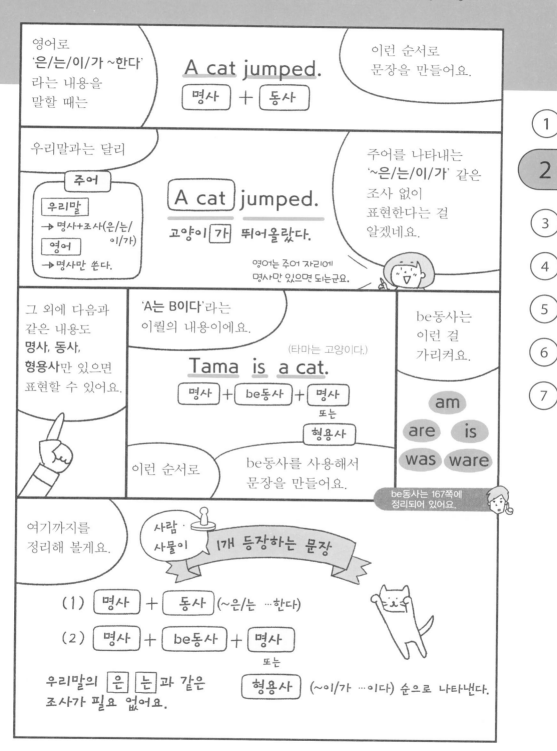

영어로
'은/는/이/가 ~한다'
라는 내용을
말할 때는

A cat jumped.

[명사] + [동사]

이런 순서로
문장을 만들어요.

① ② ③ ④ ⑤ ⑥ ⑦

우리말과는 달리

[주어]

우리말
→ 명사+조사(은/는/이/가)

영어
→ 명사만 쓴다.

A cat jumped.

고양이 [가] 뛰어올랐다.

영어는 주어 자리에
명사만 있으면 되는군요.

주어를 나타내는
'~은/는/이/가' 같은
조사 없이
표현한다는 걸
알겠네요.

그 외에 다음과
같은 내용도
**명사, 동사,
형용사**만 있으면
표현할 수 있어요.

'A는 B이다'라는
이퀄의 내용이에요.

(타마는 고양이다.)

Tama is a cat.

[명사] + [be동사] + [명사]

또는

[형용사]

이런 순서로

be동사를 사용해서
문장을 만들어요.

be동사는
이런 걸
가리켜요.

am
are is
was ware

be동사는 167쪽에
정리되어 있어요.

여기까지를
정리해 볼게요.

사람·
사물이

1개 등장하는 문장

(1) [명사] + [동사] (~은/는 …한다)

(2) [명사] + [be동사] + [명사]

또는

[형용사] (~이/가 …이다) 순으로 나타낸다.

우리말의 [은] [는]과 같은
조사가 필요 없어요.

문형 ①

명사가 3개 등장하는 문장

다음은 사람·사물이 2개 등장하는 문장을 살펴볼게요.

2개 등장하는 문장

명사가 2개 등장하는 이 상황을 영어로 하면

등장하는 사람·사물 ①
boy(소년)

등장하는 사람·사물 ②
butterfly
(나비)

소년이 나비를 잡았다.

A boy caught a butterfly.

영어로는 '~이/가 -을/를 … 한다'라고 말할 때는

이런 순서로 문장을 만들어요.

(소년이 나비를 잡았다.)

A boy caught a butterfly.

명사 + 동사 + 명사

'~이/가 -에/에게 …한다'라는 내용도

원숭이가 나무에 올라갔다.

등장하는 사람·사물 ①
monkey
(원숭이)

등장하는 사람·사물 ②
tree (나무)

같은 순서로 표현할 수 있어요.

(원숭이가 나무에 올라갔다.)

A monkey climbed a tree.

명사 + 동사 + 명사

사람·사물이 2개 등장하는 문장

명사 + 동사 + 명사 (~이/가 -을/를/~에/에게 …한다)의 순서로 나타낸다.

우리말의 을 를 에 같은 조사가 필요 없어요.

GOAL

마지막으로 사람이나 사물이 3개 등장하는 문장을 보기로 해요.

3개 등장하는 문장

이 상황을 영어로 표현하면

말이 사슴에게 편지를 건네주었다.

등장하는 사람·사물 ①
horse (말)

등장하는 사람·사물 ③
letter (편지)

등장하는 사람·사물 ②
deer (사슴)

A horse handed a deer a letter.

영어로 '~이/가 …에게 -을/를 …한다'라는 내용을 말할 때는

이런 순서로 문장을 만들어요.

(말이 사슴에게 편지를 건네주었다.)

A horse handed a deer a letter.

명사 + 동사 + 명사 + 명사

이런 내용도 명사, 동사, 형용사를 배열하는 것만으로 표현할 수 있어요.

● '~이/가 -을/를 _ 라고 …한다'
I call this cat Tama.

명사 + 동사 + 명사 + 명사

(나는 이 고양이를 타마라고 부른다.)

Tama!

야옹

● '~이/가 -을/를 _(~한 상태)라고 …한다' (우리는 이 동물을 위험하다고 생각한다.)

We think this animal dangerous.

명사 + 동사 + 명사 + 형용사

낼름낼름

● '~이/가 -을/를 (~한 상태)로 …한다' (그는 그녀를 행복하게 만들었다.)

He made her happy.

명사 + 동사 + 명사 + 형용사

영어 문장을 만드는 가장 기본적인 방법입니다.

우선 이 세 가지 품사로 된 문장을 마스터해 보세요.

1 2 3
명사 동사 형용사

영어 문장

이것만 알아도 상당히 자신감이 생길 거예요!

1
2
3
4
5
6
7

요점을 확인해 보세요!

우리말은 '은/는/이/가', '을/를', '에/에게' 같은 조사를 붙여 가면서 문장을 만들지만, 영어는 명사, 동사, 형용사 등을 배열하여 문장을 만듭니다.

문형 ①

명사가 3개 등장하는 문장

명사가 1개 등장하는 문장을 만든다

1 '이/가 …한다.'라고 하는 내용을 표현하려면 [명사] [동사] 순서로 쓰면 된다.

▼ 예문으로 확인!

❶ <u>Tom</u> <u>cried</u>. (톰이 울었다.)
  [명사] [동사]

훌쩍

❷ <u>The robot</u> <u>danced</u>. (그 로봇은 춤을 추었다.)
  [명사]   [동사]

원 포인트 !!

맨 앞의 명사가 주어입니다. 우리말 문장과는 달리 '이/가'나 '은/는' 등의 말이 들어 있지 않은 것을 알 수 있어요.

2 'A는 B이다'라고 하는 내용을 표현하려면 [명사] [be동사] [명사] 또는 [명사] [be동사] [형동사] 순으로 배열해야 한다.

▼ 예문으로 확인!

❶ <u>Jack</u> <u>is</u> a <u>doctor</u>. (잭은 의사다.)
  [명사] [동사]   [명사]

반짝

❷ <u>Meg</u> <u>is</u> <u>beautiful</u>. (메그는 아름답다.)
  [명사] [동사] [형동사]

원 포인트 !!

be동사는 am, are, is, was, were를 가리켜요. 이 be동사는 '무엇인가가 어떤 것과 이퀄의 관계에 있다'는 것을 나타낸답니다.

GOAL

명사가 2개 등장하는 문장을 만든다

3 '～이(가) - 을(를) …한다', 혹은 '～이(가) - 에(에게) …한다'라는 내용을 표현하려면 명사 동사 명사 순으로 배열해야 한다.

▼ 예문으로 확인!

❶ <u>My sons</u> <u>painted</u> <u>this picture</u>. (내 아들들이 이 그림을 그렸다.)
　　명사　　　　동사　　　　　명사

❷ <u>Meg</u> <u>reached</u> <u>the station</u>. (메그는 그 역에 도착했다.)
　　명사　　　동사　　　　명사

원 포인트!!

동사 과거형을 나타낼 때는 위의 예문과 같이 동사 뒤에 -ed를 붙이는 경우가 많습니다.

① ② ③ ④ ⑤ ⑥ ⑦

명사가 3개 등장하는 문장을 만든다

4 '～이(가) - 에게 - 을(를) …한다'라는 내용을 표현하려면
명사 동사 명사 명사 순으로 배열해야 한다.

▼ 예문으로 확인!

❶ <u>Ken</u> <u>gave</u> <u>his son</u> <u>a watch</u>. (켄은 아들에게 시계를 주었다.)
　　명사　　동사　　명사　　　　명사

❷ <u>The man</u> <u>handed</u> <u>me</u> <u>a key</u>. (그 남자는 나에게 열쇠를 주었다.)
　　명사　　　　동사　　　명사　　명사

원 포인트!!

이와 같은 문장에는 give(주다), hand(건네주다), send(보내다), tell(알리다) 등처럼 '물건이나 정보를 준다'라고 하는 뉘앙스가 내포되어 있는 동사가 자주 쓰여요.

5 다음 내용의 문장은 [명사] [동사] [명사] [명사] 또는
[명사] [동사] [명사] [형용사] 라고 하는 형태의 문장으로 나타낼 수 있다.

문형 ①

명사가 3개 등장하는 문장

> ❶ '~이/가 −을/를 _라고 …한다'   ❷ '~이/가 −을/를 _(~한 상태)라고 …한다'
> ❸ '~이/가 −을/를 _(~한 상태)로 …한다'

▼ 예문으로 확인!

❶ <u>We</u> <u>call</u> <u>the boy</u> <u>Sam</u>. (우리는 그 소년을 샘이라고 부른다.)
　[명사] [동사] [명사]　　[명사]

❷ <u>They</u> <u>think</u> <u>the man</u> <u>a hero</u>. (그들은 그 남자를 영웅으로 생각한다.)
　[명사]　[동사]　[명사]　　[명사]

❸ <u>John</u> <u>made</u> <u>Meg</u> <u>his secretary</u>. (존은 메그를 자신의 비서로 삼았다.)
　[명사]　[동사]　[명사]　　[명사]

내일 회의는
10시부터야.　네

원 포인트 !!

> ❸의 예문에 있는 make는 '만들다'라는 뜻이 아니라 '~을 (…상태)로 하다'라는 뜻입니다.
> 같은 동사라도 문장에 따라 여러 가지 의미가 될 수 있어요.

GOAL

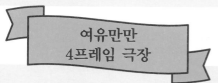

연습문제를 풀어보세요!

1 다음 우리말과 같은 뜻이 되도록 빈칸에 알맞은 be동사를 넣어 문장을 완성하세요.

(1) 알렉스는 시인이다.

Alex _____ a poet.

(2) 우리 부모님은 키가 크다.

My parents _____ tall.

(3) 나는 고양이다.

I _____ a cat.

(4) 그 소녀는 아팠다.

The girl _____ sick.

(5) 그의 안경은 젖어 있었다.

His glasses _____ wet.

2 다음 우리말과 같은 뜻이 되도록 빈칸에 알맞은 동사를 넣어 문장을 완성하세요. 동사는 보기에서 고른 후에 필요하면 형태를 바꿔서 사용하세요. 각 동사는 한 번만 사용하세요.

(1) 곰이 내 자전거를 부쉈다.

A bear _____ my bicycle.

(2) 아버지가 그 변호사를 만났다.

My father _____ the lawyer.

(3) 형은 수박을 잘랐다.

My brother [   ] a watermelon.

(4) 그 여자는 내 어머니를 좋아했다.

The lady [   ] my mother.

(5) 경찰관이 차를 정지시켰다.

A policeman [   ] a car.

[보기] stop break cut like meet

3 다음 우리말과 같은 뜻이 되도록 주어진 말을 배열하여 문장을 완성하세요. 동사의 형태는 바꿔 써야 합니다.

(1) 그 소녀가 나에게 공을 던졌다.

(me / the / throw / girl / ball / a).

(2) 오선생님이 소년에게 메달을 건넸다.

(a / a / hand / Mr. Oh / medal / boy).

(3) 톰이 포치에게 고기를 한 조각 주었다.

(give / meat / a / of / Pochi / Tom / piece).

(4) 나의 아버지가 우리에게 그 소식을 전했다.

(tell / us / father / my / news / the).

문형 ①

명사가 3개 등장하는 문장

(5) 나는 그에게 시계를 보냈다.

(a / him / I / watch / send).

---

4 다음 문장을 영어로 쓰세요.

(1) 그들은 그 탑을 잭이라고 부른다.

(2) 톰은 자신의 아들을 밥이라고 이름을 지었다.

---

5 다음 우리말과 같은 뜻이 되도록 주어진 말을 배열하여 문장을 완성하세요.

(1) 나는 그 이야기가 사실이라고 생각한다.

(story / think / I / true / the).

(2) 그들은 그녀의 성공을 기적이라고 생각했다.

(a / considered / her / they / miracle / success).

---

6 다음 우리말과 같은 뜻이 되도록 빈칸에 알맞은 동사를 보기에서 골라 문장을 완성하세요. 보기의 동사는 필요하면 형태를 바꿔서 사용하세요.

(1) 리사는 딸을 혼자 내버려 두었다.

Lisa [   ] her daughter alone.

(2) 그 학생들은 자신들의 교실을 깨끗하게 유지했다.

The students [   ] their classroom clean.

(3) 조는 메리를 아내로 삼았다.

Joe [   ] Mary his wife.

[보기]   make   leave   keep

① ② ③ ④ ⑤ ⑥ ⑦

정답을 맞춰보세요!

1 (1) Alex (is) a poet. (2) My parents (are) tall. (3) I (am) a cat.
(4) The girl (was) sick. (5) His glasses (were) wet.

2 (1) A bear (broke) my bicycle. (2) My father (met) the lawyer.
(3) My brother (cut) a water melon. (4) The lady (liked) my mother.
(5) A policeman (stopped) a car.

3 (1) The girl threw me a ball. (2) Mr. Oh handed a boy a medal.
(3) Tom gave Pochi a piece of meat. (4) My father told us the news. (5) I sent him a watch.

4 (1) They call the tower Jack.
(2) Tom named his son Bob.

5 (1) I think the story true.
(2) They considered her success a miracle.

6 (1) Lisa (left) her daughter alone. (2) The students (kept) their classroom clean. (3) Joe (made) Mary his wife.

1

(1) 정답 Alex (is) a poet.
(2) 정답   My parents (are) tall.
(3) 정답 I (am) a cat.
(4) 정답 The girl (was) sick.
(5) 정답 His glasses (were) wet.

와이 쌤▶ 이건 한꺼번에 설명할게요. 유리 씨, 어땠어요?

유리▶ 실수로 한 문제 틀렸어요.

와이 쌤▶ (5)번이죠?

유리▶ 어떻게 알았어요?

와이 쌤▶ 많은 사람들이 틀리니까요.

유리▶ 그가 쓰고 있는 안경은 하나잖아요. 그래서 was인 줄 알았어요.

와이 쌤▶ 보통 그렇게 생각하지요. 하지만 하나의 안경에는 안경알이 2개니까 glass가 복수형 glasses가 돼야 해요. 영어에서는 안경을 '유리 두 개'라고 표현하거든요.

유리▶ 복수형이니까 be동사는 was가 아니라 were를 사용해야 되는군요.

와이 쌤▶ 그렇죠.

🗣 유리 ▶ 지금 문득 떠올랐는데요. 소설 『나는 고양이로소이다』를 영어로 표현하면 'I am a cat.'이 되잖아요. 어이없는 제목 아닌가요? 왠지 느낌이 살지 않아요.

😊 와이 쌤 ▶ 우리말은 '저', '나', '자신' 등 1인칭이 많잖아요. 하지만 영어라면 전부 I가 되니까 우리말의 1인칭마다 나는 분위기나 뉘앙스 차이가 영어로 바뀌면 사라져 버리죠.

🗣 유리 ▶ 정말 그런 것 같아요. 근데 영어로는 1인칭이 언제나 I니까, 이 점은 간단하네요.

😊 와이 쌤 ▶ 그래요. 하지만 반대로 영어에는 be동사의 구분과 같은 까다로운 면도 있어요. 그러니까 여기서 연습을 해보는 건 어떨까요?

2

(1) [정답] A bear (broke) my bicycle.

😊 와이 쌤 ▶ 문제 2에서는 '~이/가 -을/를…한다'라는 문장을 만들 수 있는지 묻고 있어요. (1)은 잘 풀었어요?

🗣 유리 ▶ '부수다'가 아니고 '부쉈다'니까 break를 과거형으로 해야 한다는 건 알았는데 저도 모르게 breaked라고 잘못 썼어요.

😊 와이 쌤 ▶ break는 불규칙 동사죠. 이런 동사의 과거형은 하나하나 외울 수밖에 없어요.

🗣 유리 ▶ 네.

(2) [정답] My father (met) the lawyer.

😊 와이 쌤 ▶ 이 문장도 동사는 과거형으로 써야겠지요. '만나다'가 아니라 '만났다'니까요.

🗣 유리 ▶ 네. meet의 과거형이 met인 건 알고 있었어요.

😊 와이 쌤 ▶ meet의 과거형은 e가 1개밖에 없지요.

(3) [정답] My brother (cut) a watermelon.

😊 와이 쌤 ▶ cut의 과거형은 원형, 즉, '사전에 나와

있는 형태' 그대로라는 걸 알고 있었어요?

🗣 유리 ▶ 네. cut이나 put 또는 hit처럼 t로 끝나는 단어는 원형과 과거형이 같은 게 많은 것 같아요.

😊 와이 쌤 ▶ 이것 말고도 set(놓다)나 hurt(상처주다), cast(던지다) 같은 것도 그래요.

(4) [정답] The lady (liked) my mother.

😊 와이 쌤 ▶ like 과거형은 괜찮았어요?

🗣 유리 ▶ 네. 역시 likeed는 아닌 것 같았거든요.

😊 와이 쌤 ▶ e로 끝나는 말은 -ed가 아니라 -d만 붙이는 거예요. 이런 건 불규칙 동사가 아니라 규칙 변화 속의 약간의 예외 같은 거죠.

(5) [정답] A police man (stopped) a car.

🗣 유리 ▶ 이것도 예외적인 과거형이네요.

😊 와이 쌤 ▶ 그래요. '단모음+자음 하나'로 끝나는 말은 맨 끝의 자음을 한 번 더 써준 다음에 -ed를 붙이는 거예요. 모음은 a, e, i, o, u를 말하는 거잖아요. stop의 과거형은 stoped가 아니라 stopped가 되는 거죠. drop이나 step 같은 것도 이 패턴으로 바뀐답니다.

3

(1) [정답] (1) The girl threw me a ball.

😊 와이 쌤 ▶ 3에서는 '~이/가 -에게 _을/를 …한다'라는 표현을 연습하는 건데요. 명사와 동사를 배열해서 그 의미를 표현할 수가 있죠.

🗣 유리 ▶ 확실히 해답의 문장 어디에도, '가', '에게', '를'에 해당하는 말이 없어요.

😊 와이 쌤 ▶ 이 문장에서도 동사는 과거형으로 써야 하잖아요. throw의 과거형 threw는 잘 썼어요?

🗣 유리 ▶ throwed라고 써버렸지 뭐예요. threw를 외우지 않았거든요.

😊 와이 쌤 ▶ 그런데 왜 이 문장의 여자애는 한 명인

① ② ③ ④ ⑤ ⑥ ⑦

STEP 3

문형 ①

명사가 3개 등장하는 문장

데 a가 없는지 알아요?

🔵 유리 ▶ the를 사용했기 때문인가요?

🐱 와이 쌤 ▶ 맞아요. 첫째 날에 배웠죠.

(2) 정답 Mr. Oh handed a boy a medal.

🐱 와이 쌤 ▶ 이 문제는 어땠어요?

🔵 유리 ▶ 뭐 그리 어렵지는 않았어요. 선택지에 a가 두 개여서 '이게 뭐지?' 하는 생각은 했지만 boy와 medal은 둘 다 셀 수 있는 명사이기 때문에 양쪽에 a가 있어야 되잖아요.

(3) 정답 Tom gave Pochi a piece of meat.

🔵 유리 ▶ give의 과거형 gave는 알고 있었어요.

🐱 와이 쌤 ▶ meat 앞에 a piece of는 제대로 썼어요?

🔵 유리 ▶ 이것도 뭐 어렵진 않았어요. meat는 물질이기 때문에 셀 수 없는 명사잖아요.

🐱 와이 쌤 ▶ 맞아요. 그래서 고기를 셀 때는 담는 그릇, 모양, 단위로 세는 거죠. 예를 몇 가지 들어볼까요?

> ✓CHECK
>
> ✓ 담는 그릇으로 센다.
>   a plate of meat
>   (고기 한 접시)
> ✓ 모양으로 센다.
>   a slice of meat
>   (고기 한 조각)
> ✓ 단위로 센다.
>   two kilograms of meat
>   (고기 2킬로그램)

🐱 와이 쌤 ▶ 참고로 셀 수 없는 명사를 세는 세 가지 방법, 즉 '담는 그릇(용기), 모양, 단위'는 '용, 모, 단'이라고 외우면 잘 안 잊어버리죠.

🔵 유리 ▶ '용, 모, 단'이라고요.

🐱 와이 쌤 ▶ 리듬감이 있어서 몇 번 말하다 보면 외워질 거예요.

(4) 정답 My father told us the news.

🐱 와이 쌤 ▶ tell 과거형 told는요?

🔵 유리 ▶ 그거야 당연히 썼죠.

🐱 와이 쌤 ▶ 좋아요!

(5) 정답 I sent him a watch.

🐱 와이 쌤 ▶ 이 문제는 어땠어요?

🔵 유리 ▶ 그만 sended라고 써버리고 말았어요. send의 과거형은 sent인데 말이죠.

🐱 와이 쌤 ▶ 참고로 보낸 시계가 2개 이상이면 watch를 복수형으로 해야 하는데요, watch의 복수형은 알고 있죠?

🔵 유리 ▶ ch로 끝나니까 '양말 소취'네요. -es를 붙이면 되는 거죠.

🐱 와이 쌤 ▶ 좋아요. watch의 복수형은 watches 죠. 그럼 여기서, 이 ③에 나온 동사를 좀 보기로 하죠. throw, hand, give, tell, send인데요. 뭔가 공통된 의미를 찾을 수 있나요?

🔵 유리 ▶ 누가 누구에게 무엇을 '주다'라는 의미가 많은 거 아닌가요?

🐱 와이 쌤 ▶ 맞아요. throw도 던져주는 거고, tell 도 정보를 준다는 거니까 넓은 의미에서는 모두 '주다'라는 의미라고 생각할 수 있어요. 그러니까 이 ③에서 다룬 문장은 다음과 같이 정리할 수 있습니다.

> ✓CHECK
>
> ✓ 넓은 의미로 '~해 주다'라는 의미를 가진 동사를 사용하여 [명사] [동사] [명사] [명사] 순서로 문장을 구성하면, '~이/가 -에게 _을/를 …한다'라는 의미가 된다.

4

(1) 정답 They call the tower Jack.

🐱 와이 쌤 ▶ 여기는 우선 정리부터 하죠.

✓CHECK

✓ '…라고 부르다', '이름을 지어주다'라는 의미를 가진 동사를 사용하여, 명사 동사 명사 명사 의 순서대로 문장을 구성하면, '~이/가 –을/를 _라고 …한다'라는 의미가 된다.

😺와이 쌤▶ 4 문제는 이걸 아는지 묻는 거예요.

😎 유리▶ 이 문제는 잘 풀긴 했어요. 근데 call은 '전화하다'라는 의미의 이미지가 강한 것 같아요.

😺와이 쌤▶ 물론 call은 I called him.(나는 그에게 전화했다.)처럼 쓰이기도 하지만, 이 (1)과 같은 명사 동사 명사 명사 라는 형식으로도 쓰여요. 두 가지 이상의 형태로 사용되는 동사도 꽤 많거든요. 이건 확실히 알아두었으면 좋겠어요.

✓CHECK

✓ 두 가지 이상의 형태로 이용되는 동사도 많다.

😎 유리▶ 네.

(2) 정답 Tom named his son Bob.

😎 유리▶ 이런 유형의 문제는 풀기 쉬웠어요.

😺와이 쌤▶ name도 call과 마찬가지로 명사 동사 명사 명사 의 어순으로 사용하면 '~이/가 –을/를 _(~한 상태)라고 …한다'는 의미가 되지요.

5

(1) 정답 I think the story true.

😺와이 쌤▶ 우선 정리하고 넘어가죠.

✓CHECK

✓ '생각하다'라는 뜻을 가진 동사를 사용하여 명사 동사 명사 명사 또는 명사 동사 명사 형용사 의 순서대로 문장을 구성하면 '~이/가 –을/를 _(~한 상태)로 …한다'는 의미가 된다.

😺와이 쌤▶ 유리 씨, 문제 (1)은 어땠어요?

😎 유리▶ 이 문제는 쉬웠어요.

(2) 정답 They considered her success a miracle.

😺와이 쌤▶ 이 문장도 '~이/가 –을/를 _라고 …한다'라는 뜻을 가진 문장입니다. her success와 a miracle의 앞뒤에 '를'이나 '라고'에 해당하는 말이 나와 있지 않은데도 그 의미가 나오는 거죠.

😎 유리▶ 문장을 쉽게 만드는 것 같아요. 단어가 적어서 그런 느낌이 드는지 몰라도.

😺와이 쌤▶ 그런데 읽을 때나 들을 때는 어려운 부분도 있어요.

😎 유리▶ 왜요?

😺와이 쌤▶ 우리말과 영어는 어순이 다르니까요.

😎 유리▶ 그렇겠네요.

😺와이 쌤▶ 그래도 반복하다 보면 다 익숙해져요.

6

(1) 정답 Lisa (left) her daughter alone.
(2) 정답 The students (kept) their class room clean.
(3) 정답 Joe (made) Mary his wife.

😺와이 쌤▶ 이번에도 정리 먼저 할게요.

✓CHECK

✓ '~로 삼다', '~한 상태로 두다'라는 의미를 가진 동사를 사용하여 명사 동사 명사 명사 또는 명사 동사 명사 형용사 의 순서대로 문장을 구성하면, '~이/가 –에게 _을/를 …한다'라는 의미가 된다.

😺와이 쌤▶ 문제는 keep, leave, make를 제대로 구분해서 써야 해요. 유리 씨, 어땠어요?

😎 유리▶ (3)은 잘했어요. 그런데 (1)과 (2)는 반

①
②
③
④
⑤
⑥
⑦

대로 해버렸어요.

 와이 쌤 ▶ 내용을 정리해보죠.

✓CHECK

✓ keep : ─를 _(∼한 상태)로 두다

※ 행위자의 노력에 의해 '∼상태로 두다'

✓ leave : ─를 _(∼한 상태)로 두다

※ 그냥 내버려 두다

✓ make : ─를 _로 삼다

문형 ① 명사가 3개 등장하는 문장

와이 쌤 ▶ 딸을 혼자 두는 데 노력이 필요하다는 건가요, 아니면 그냥 놔둔 상황인가요?

유리 ▶ 내버려뒀다는 거죠.

와이 쌤 ▶ 그렇죠. 그러니까 (1)은 leave를 사용해요. 과거형 left로 말이에요. 그럼, 교실은 내버려 두면 깨끗한 상태를 유지할 수 있을까요?

유리 ▶ 유지할 수 없어요. 깨끗하게 해놓으려면 청소를 해야죠.

와이 쌤 ▶ 맞아요. 그러니까 이쪽은 keep이죠. keep의 과거형은 kept. 그럼, 오늘은 이것으로 끝!

오늘은 명사가 4개 이상 등장하는 문장을 배워봅시다.

사람·사물이

4개 이상 등장하는 문장

네!

사람이나 사물이
4개 이상 등장할 때는

추가로 무언가를 써야 해요.

그게 뭔데요?

이겁니다!

전치사

전치사군요!

전치사란 이런 걸 말하는 거죠?

on

of

at

in

맞아요.

전치사는 종류가 많고
여러 가지 의미로 쓰이지만

in 의미

─ ~안에
─ ~를 타고
─ ~의 쪽에

on

─ ~위에
─ ~에 붙어서

of

─ ~의

at

─ ~에
─ ~에서

솔직히 간단한 건 아니에요.

하지만 이미지로
파악하면 훨씬
이해하기 쉬워요!

in

2차원

3차원

at

이미지

of

on

오~

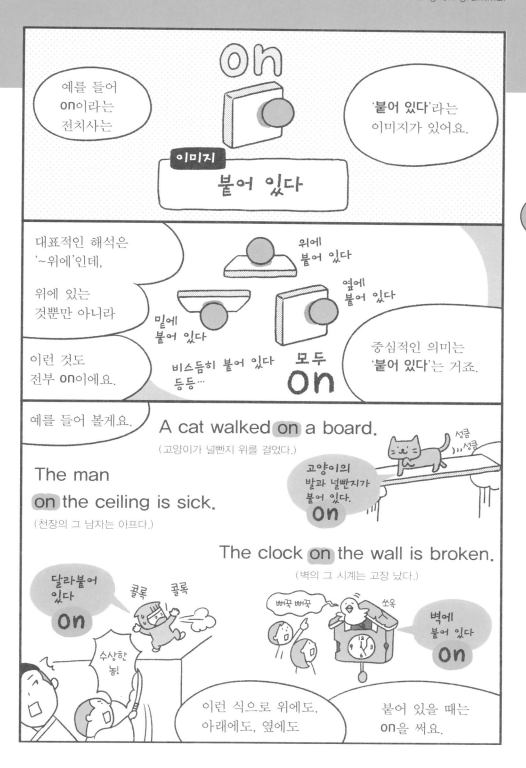

대표적인 전치사들을 살펴볼게요.

재밌네!

in

2차원   3차원

이미지
틀(테두리) 안

in the sky
(하늘에서)

at

이미지
점

at a bus stop
(버스정류장에서)

on

이미지
붙어 있다

on a truck
(트럭 위에서)

to

이미지
~를 향해

a letter to you
(너에게 보내는 편지)

from

이미지
어느 기점으로부터

from a chimney
(굴뚝으로부터)

under

이미지
~아래에서(에)

under the ground
(지하에서)

below

이미지
~보다 아래에(~보다 낮은 곳에)

below a tree
(나무 밑에)

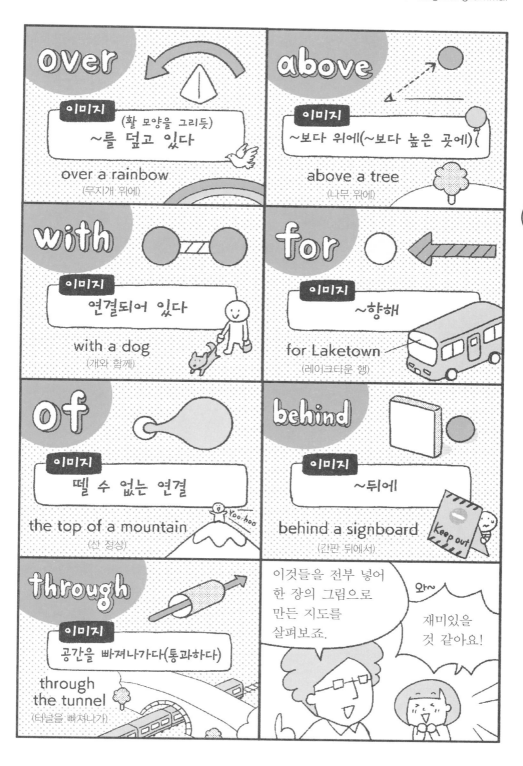

over

이미지

(활 모양을 그리듯)
~를 덮고 있다

over a rainbow
(무지개 위에)

above

이미지

~보다 위에(~보다 높은 곳에)

above a tree
(나무 위에)

with

이미지

연결되어 있다

with a dog
(개와 함께)

for

이미지

~향해

for Laketown
(레이크타운 행)

of

이미지

뗄 수 없는 연결

the top of a mountain
(산 정상)

Yoo-hoo

behind

이미지

~뒤에

behind a signboard
(간판 뒤에서)

Keep out

through

이미지

공간을 빠져나가다(통과하다)

through
the tunnel
(터널을 빠져나가)

이것들을 전부 넣어
한 장의 그림으로
만든 지도를
살펴보죠.

와~

재미있을
것 같아요!

1
2
3
4
5
6
7

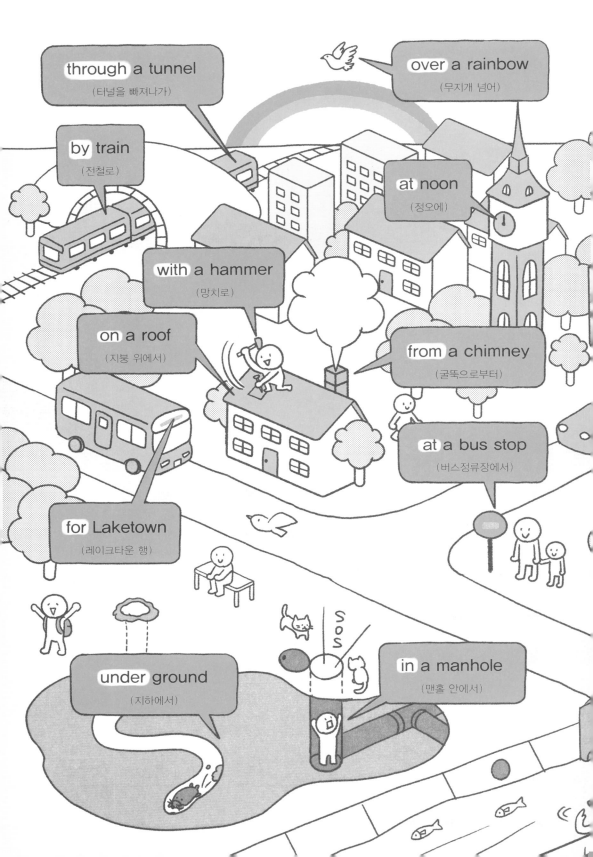

요점을 확인해 보세요!

영어에는 '전치사'라는 품사가 있습니다. 전치사를 쓰면 네 개 이상의 명사(사람이나 사물)가 등장하는 문장을 만들 수 있어요. 그리고 전치사 없이는 표현할 수 없는 다양한 내용을 표현할 수 있습니다.

문형 ② 전치사

명사가 4개 이상 등장하는 문장

전치사의 규칙과 문장 만드는 법을 파악한다

1 전치사는 뒤에 오는 명사와 함께 역할을 담당한다.

▼ 이미지 그림으로 확인!

| 전치사 | ──세트로 다닌다.── | 명사 |

전치사 ~에 ~의 ?

원 포인트 !!!

전치사는 명사 '앞'에 놓이기 때문에 '전치사'라는 이름이 붙은 거예요.

2 전치사+명사는 명사 또는 동사를 뒤에서 수식한다.

▼ 이미지 그림으로 확인!

❶ 명사를 수식한다.

The man [in][my car] is Jack.
└─── 수식 ───┘

(내 차에 있는 남자는 잭이다.)

❷ 동사를 수식한다.

I live [in][Seoul]
└─ 수식 ─┘

(나는 서울에 살고 있다.)

원 포인트 !!!

전치사+명사(전명구)는 이 그림과 같이 기본적으로 뒤에서 수식하지만, 동사를 수식하는 경우에는 앞에서 수식하기도 해요.

GOAL

3 같은 전치사라도 명사를 수식하는 경우와 동사를 수식하는 경우는 다르게 해석해야 한다.

▼ 예문으로 확인!

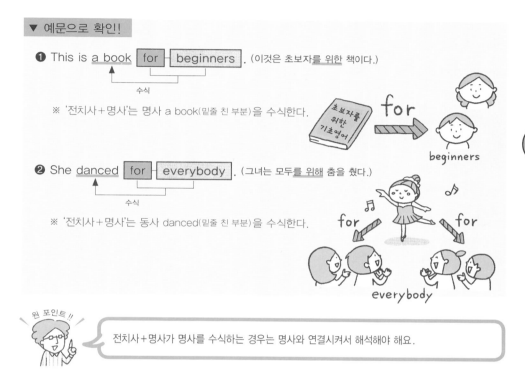

❶ This is a book [for]─[beginners]. (이것은 초보자를 위한 책이다.)
　　　　　　　　　수식

　※ '전치사＋명사'는 명사 a book(밑줄 친 부분)을 수식한다.

❷ She danced [for]─[everybody]. (그녀는 모두를 위해 춤을 췄다.)
　　　　　　　　　수식

　※ '전치사＋명사'는 동사 danced(밑줄 친 부분)을 수식한다.

원 포인트 ‼

전치사＋명사가 명사를 수식하는 경우는 명사와 연결시켜서 해석해야 해요.

4 각 전치사에는 중심이 되는 이미지가 있다.

▼ 전치사	▼ 중심 이미지	▼ 전치사	▼ 중심 이미지
in	틀(테두리) 안	over	～를 덮고 있다
at	점	above	～보다 위에(～보다 높은 곳에)
on	붙어 있다	with	연결되어 있다
to	～를 향해	for	～향해
from	어느 기점으로부터	of	뗄 수 없는 연결
under	～아래에서(에)	behind	～뒤에
below	～보다 아래에(～보다 낮은 곳에)	through	공간을 빠져나가다(통과하다)

원 포인트 ‼

각 전치사의 이미지 그림은 56쪽과 57쪽에 정리되어 있어요.

연습문제를 풀어보세요!

1 다음 영문을 밑줄 친 부분이 수식하는 곳에 주의하여 우리말로 해석하세요.

(1) I heard this news from my father.

_____

(2) This is a report from London.

_____

(3) A cat jumped behind a curtain.

_____

(4) The man behind me was my son.

_____

(5) John escaped through this door.

_____

(6) The view through the telescope was fantastic.

_____

2 다음 우리말과 같은 뜻이 되도록 보기에서 알맞은 말을 골라 ☐ 안에 쓰세요.

(1) 그는 공을 상자에 넣었다.

He put a ball ☐ a box.

(2) 우리는 3시 50분에 그 도시를 떠났다.

We left the town [　　　　　] 3:50.

(3) 밥은 런던으로 갔다.

Bob went [　　　　　] London.

(4) 그녀는 나이프를 접시에 놓았다.

She put a knife [　　　　　] a plate.

(5) 나는 아들을 위해 의자를 만들었다.

I made a chair [　　　　　] my son.

[보기] on in for at to

3 다음 우리말과 같은 뜻이 되도록 빈칸에 들어갈 올바른 전치사를 보기에서 골라 문장을 완성하세요.

(1) 우리는 파리에서 3년 동안 살았다.

We lived [　　　　　] Paris for three years.

(2) 경찰관은 버스정류장에서 샘을 체포했다.

The police officer arrested Sam [　　　　　] a bus stop.

(3) 소녀들은 무대에서 노래를 불렀다.

The girls sang [　　　　　] a stage.

(4) 그녀는 칼로 그 사과를 잘랐다.

She cut the apple [　　　　　] a knife.

[보기] on with at in

① ② ③ ④ ⑤ ⑥ ⑦

4 다음 우리말과 같은 뜻이 되도록 빈칸에 들어갈 올바른 전치사를 보기에서 골라 문장을 완성하세요.

(1) 벽에 걸린 시계가 고장 났다.

The clock [   ] the wall is broken.

(2) 이것은 123호실의 열쇠다.

This is the key [   ] Room 123.

(3) 흰 셔츠를 입은 남자는 밥이다.

The man [   ] the white shirt is Bob.

(4) 이것은 두통약이다.

This is medicine [   ] headaches.

(5) 그는 우리 학교의 선생님이다.

He is a teacher [   ] my school.

(6) 그는 역사 선생님이다.

He is a teacher [   ] history.

[보기] on   for   at   in   to   of

5 다음 우리말과 같은 뜻이 되도록 빈칸에 들어갈 전치사를 보기에서 골라 문장을 완성하세요.

(1) 그녀는 아기에게 담요를 덮어 주었다.

She put a blanket [   ] her baby.

(2) 그는 편의점 위에 있는 아파트에 산다.

He lives in an apartment ⬚ a convenience store.

(3) 그 고양이들은 다리 밑에 산다.

The cats live ⬚ a bridge.

(4) 비행기에서 우리는 우리 아래의 바다를 보았다.

From the airplane we saw the sea ⬚ us.

[보기] over   below   above   under

6 다음 영문을 우리말로 해석하세요.

(1) She wrote the novel in English.

_____

(2) George died of cancer.

_____

(3) I know a couple with six children.

_____

(4) We danced to the song.

_____

(5) Through the experience I learned the importance of peace.

_____

정답을 맞춰보세요!

1 (1) 나는 아버지로부터 이 뉴스를 들었다. (2) 이것은 런던으로부터의 보고다. (3) 커튼 뒤로부터 고양이가 뛰어 올랐다. (4) 내 뒤의 남자가 내 아들이었다. (5) 존은 이 문을 통해 도망쳤다. (6) 망원경을 통한 경치는 환상적이었다.

2 (1) He put a ball (in) a box. (2) We left the town (at) 3:50. (3) Bob went (to) London. (4) She put a knife (on) a plate. (5) I made a chair (for) my son.

3 (1) We lived (in) Paris for three years. (2) The police officer arrested Sam (at) a bus stop. (3) The girls sang (on) a stage. (4) She cut the apple (with) a knife.

4 (1) The clock(on) the wall is broken. (2) This is the key (to) Room 123. (3) The man (in) the white shirt is Bob. (4) This is medicine (for) headaches. (5) He is a teacher (at) my school. (6) He is a teacher (of) history

5 (1) She put a blanket (over) her baby. (2) He lives in an apartment (above) a convenience store. (3) The cats live (under) a bridge.
(4) From the airplane we saw the sea (below) us.

6 (1) 그녀는 영어로 그 소설을 썼다. (2) 조지는 암으로 죽었다.
(3) 나는 여섯 아이가 있는 부부를 알고 있다. (4) 우리는 노래에 맞춰 춤을 췄다. (5) 그 경험을 통해 나는 평화의 중요성을 배웠다.

1

(1) 정답 나는 아버지로부터 이 뉴스를 들었다.

(2) 정답 이것은 런던으로부터의 보고다.

와이 쌤 그럼 셋째 날 문제풀이를 해 볼까요? ①은 두 문제씩 살펴보겠습니다. 문제 (1)과 (2) 문장에는 모두 from이 사용되었는데, 'from+명사'가 수식하는 부분의 품사가 다르군요. 유리 씨, 각 'from+명사'는 어디를 수식하는 것 같아요?

유리 (1)은 heard이고, (2)는 report요.

와이 쌤 맞아요. (1)은 동사 heard를 수식하고, (2)는 명사 report를 수식하죠. 이런 식으로 수식하는 품사가 다른 경우는 '전치사+명사'의 우리말 해석이 다르죠. 유리 씨, 밑줄 친 부분 두 곳을 해석해 볼래요?

유리 네. (1)의 밑줄 친 부분은 '아버지로부터', (2)는 '런던으로부터의'라고 해석해야 할 것 같아요.

와이 쌤 잘했어요. 같은 from~인데도 동사를 수식하는 경우와 명사를 수식하는 경우의 해석이 달라졌죠.

유리 정말 해석하기 어려울 것 같아요.

와이 쌤 좀 그렇죠. 그러니까 '전치사+명사'를 해석할 때는 어떤 품사를 수식하는지 보고 해석해야 해요.

(3) 정답 커튼 뒤로부터 고양이가 뛰어올랐다.

(4) 정답 내 뒤의 남자가 내 아들이었다.

와이 쌤 각 밑줄 친 부분은 어디를 수식해요?

유리 (3)의 behind a curtain은 동사 jumped이고요, (4)의 behind me는 명사 man을 수식해요.

와이 쌤 그렇죠. 그러니까 (3)은 '커튼 뒤로부터'라는 해석이 되고, (4)는 '내 뒤의'라는 뜻이 되는 거예요. 문제 (4)는 (2)와 마찬가지로 명사를 수식하기 때문에 명사와 연결해서 해석

해야 해요.

유리 그렇군요.

(5) 정답 존은 이 문을 통해 도망쳤다.

(6) 정답 망원경을 통한 경치는 환상적이었다.

와이 쌤 이것도 밑줄 친 부분은 각각 동사와 명사를 수식하죠.

유리 네. (5)의 밑줄 친 부분은 동사 escaped를 수식하네요. (6)은 명사 view를 수식하고요.

와이 쌤 맞아요. 근데 명사를 수식하는 경우에는 명사와 연결시켜서 해석해야 하기 때문에 좀 신경을 써야 해요. (5)의 밑줄 친 부분은 '이 문을 통해서,' '이 문을 지나서'예요. 이건 문제없죠. 그런데 (6)의 밑줄 친 부분을 '망원경을 통해서'라고 해석하여 '망원경을 통해서 경치는 환상적이었다.'라고 하면 우리말로 어때요?

유리 좀 어색하죠.

와이 쌤 그렇죠. 그럼 어떻게 하면 좋을까요?

유리 '망원경을 통한 경치는 환상적이었다'는 어떨까요? 음~ 아직 좀 어색한가요?

와이 쌤 약간 어색한 것 같네요. '망원경을 통해 보는 경치는 환상적이었다.'는 어때요?

유리 자연스러워요!

와이 쌤 이런 식으로 '전치사+명사' 부분을 해석할 때는 의역해서 표현할 필요가 있어요.

2

(1) 정답 He put a ball (in) a box.

유리 같은 '에'인데도 여러 전치사가 쓰이는군요.

와이 쌤 그래요. 그러니까 전치사마다 의미를 생각하면서 사용해야 되는 거죠. 이 '상자에'는, '상자 안에'라는 뜻이니까요.

1

2

3

4

5

6

7

🐑 유리 네.

🐱 와이 쌤 그러니까 '상자라는 틀 안에 넣었다.'라는 의미의 전치사를 써야 해요.

🐑 유리 '틀 안'을 의미하는 전치사는 in이에요.

✓ CHECK

(2) 정답 We left the town (at) 3:50.

🐱 와이 쌤 '3시 50분에'는 '3시 50분이라는 시점에'라는 의미예요.

🐑 유리 그러니까 '점'을 나타내는 전치사 at을 사용하는 거군요.

🐱 와이 쌤 맞아요.

✓ CHECK

(3) 정답 Bob went (to) London.

🐱 와이 쌤 이 문장의 to London은 '런던이라는 도달점'이라는 뜻이죠. 여기서 to와 for에 대해 좀 더 살펴볼게요.

🐑 유리 네.

🐱 와이 쌤 to와 for는 '~를 향해'라는 의미이지만, to는 도달의 뉘앙스가 내포되어 있어요. '밥은 런던에 갔다.'라는 말은 런던에 도착한 건가요?

🐑 유리 도착한 거죠. 그래서 to를 쓴 거잖아요.

✓ CHECK

🐱 와이 쌤 for에는 '~을 위해', '~을 위한'이라는 목적의 의미가 있다는 것도 알아두세요.

🐑 유리 네.

(4) 정답 She put a knife (on) a plate.

🐱 와이 쌤 '그녀는 나이프를 접시에 놓았다.'의 '접시에'는 '접시 안에'라는 의미인가요?

🐑 유리 '안에'라는 느낌은 들지 않는데요.

🐱 와이 쌤 나이프를 접시에 놓으면 나이프와 접시는 어떻게 되는 거죠?

🐑 유리 붙겠지요.

🐱 와이 쌤 그래요. 붙겠죠. '붙어 있다'는 이미지를 나타내는 전치사는요?

🐑 유리 on이죠.

✓ CHECK

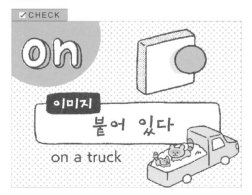

(5) 정답 I made a chair (for) my son.

와이 쌤 '나는 아들을 위해 의자를 만들었다.'에서는 '아들을 위해'라는 뜻이죠.

유리 '~을 위해'는 for이지요. 좀 전에 알려 주셨잖아요.

3

(1) 정답 We lived (in) Paris for three years.

유리 '~에서'라는 말을 표현하는 전치사도 여러 가지가 있잖아요.

와이 쌤 그래요. 그러니까 하나하나 문장의 의미를 잘 생각해야 해요.

유리 그리고 그 의미에 맞는 전치사를 사용해야 하는 거군요.

와이 쌤 맞아요. '파리에서'는 '파리라는 지역 안에서'라는 뜻이잖아요.

유리 '지역'이라는 '테두리' 말이군요.

와이 쌤 그걸 알면 in을 왜 쓰는지를 이해할 수 있죠.

(2) 정답 The police officer arrested Sam (at) a bus stop.

와이 쌤 '버스정류장에서'는 '버스정류장이라는 테두리 안에서'라는 느낌이 드나요?

유리 아니요. '테두리'가 아닌 것 같은데요.

와이 쌤 그렇죠. '정류장이라는 지점에서'라는 의미인 거죠.

유리 이 문제에서는 '지점'을 나타내는 거라서 at인 거예요.

(3) 정답 The girls sang (on) a stage.

와이 쌤 '무대에서 노래를 불렀다'고 하는 상황에서는 노래한 사람의 발과 무대가 어떻게 될까요?

유리 붙겠지요. 그러니까 on이군요.

(4) 정답 She cut the apple (with) a knife.

와이 쌤 '칼로 잘랐다', '막대기로 때렸다', '바늘로 찔렀다'처럼 도구를 사용하는 경우 칼, 막대, 바늘과 그걸 사용하는 사람은 일체화되겠지요.

유리 네. 그러니까 이 문제의 '칼로'의 '로'를 나타내는 데 with를 사용하는군요.

✓ CHECK

with

이미지
연결되어 있다

with a dog

와이 쌤 맞아요. 그럼 여기서 다음 문장을 보고 가죠.

Bob went to Busan by train.
(밥은 기차로 부산에 갔다.)

유리 '기차를 타고' '기차로'의 '로'는 by군요

와이 쌤 네, 그렇죠. 이 by는 '도구'라는 의미가 아니라 '수단'의 뉘앙스인 거죠. '기차라는 수단으로'라는 뜻이에요. 이 경우는 with처럼 사용자와 일체화되지는 않아요.

유리 승객과 기차가 일체화되지는 않죠.

와이 쌤 손과 칼 같은 일체감은 없죠.

유리 궁금한 게 있는데요. 왜 train에는 아무것도 붙이지 않는 건가요? 기차는 '한 량', '두량' 이렇게 셀 수 있을 것 같은데요.

와이 쌤 좋은 질문이에요. 그럼 다른 예로 설명할게요. 예를 들어 '제주도에 배로 간다'라고 할 경우 구체적인 물체로서 하나의 선박을 뜻할까요?

1
2
3
4
5
6
7

유리 아니요. 그렇지는 않죠.

와이 쌤 그래요. '배편으로 간다'라는 뜻의 '배로'거든요. 이 경우 배는 특정 배를 가리키는 것이 아니라 교통수단으로서의 배인 거예요. 구체적이지 않은 것, 추상적인 것은 셀 수 없는 명사이기 때문에 이 경우의 '배로'는 by a ship이 아니라 by ship이 되는 거예요. ship을 셀 수 없는 명사로 취급해 아무것도 붙이지 않고 그냥 사용하는 거죠.

유리 by train의 train도 마찬가지군요.

와이 쌤 맞아요.

4

(1) **정답** The clock (on) the wall is broken.

와이 쌤 유리 씨, 우리말의 '의'에 해당하는 영어의 전치사 중 맨 먼저 떠오르는 게 뭔가요?

유리 of요.

와이 쌤 그렇죠. 하지만 '의'를 영어로 표현할 때 반드시 of를 쓰는 건 아니에요. 이 (1)은 on이거든요.

유리 벽과 시계가 붙어 있으니까 그런 거죠?

와이 쌤 맞아요!

(2) **정답** This is the key (to) Room 123.

와이 쌤 이번 문제는 좀 어려웠죠?

유리 네 (1)의 on은 쉬웠는데, 이 to는 좀 어려웠어요.

와이 쌤 to에는 '도달'의 의미가 있다고 아까 얘기했잖아요. 열쇠는 문손잡이 부분에 도달하여 열쇠 구멍에 들어가야 비로소 기능을 발휘하는 거니까요.

유리 그렇군요. 그러니까 to인 거군요.

(3) **정답** The man (in) the white shirt is Bob.

와이 쌤 이번 문제는 어땠어요?

유리 어려웠어요.

와이 쌤 '흰 셔츠의 남자' → '흰 셔츠를 입은 남자', '남자는 셔츠라는 틀 안에 들어가 있다'는 식으로 생각해 보세요. 틀 안을 나타내는 전치사는요?

유리 in이죠.

와이 쌤 맞아요. 그러니까 in을 써요. '~를 입었다'는 뜻은 in으로 나타낼 수 있어요.

(4) **정답** This is medicine (for) headaches.

와이 쌤 '두통약'은 '두통을 고치기 위한 약'이라는 뜻이죠.

유리 '~위한'을 의미하는 전치사는 for였지요!

와이 쌤 그렇죠. 목적의 의미죠.

(5) **정답** He is a teacher (at) my school.

(6) **정답** He is a teacher (of) history.

와이 쌤 마지막 두 문제는 한꺼번에 설명할게요. '우리 학교의 선생님'과 '역사 선생님' 둘 다 '~의 선생님'인데 '~의' 부분의 의미가 다르죠?

유리 네. 우리 학교는 가르치고 있는 곳이고, 역사는 과목이죠.

와이 쌤 그렇죠. 우리 학교 선생은 우리 학교라는 지점에서 가르치는 선생님이라는 뜻이에요. 지점을 나타내는 전치사는요?

유리 at이죠.

와이 쌤 맞아요. 그러니까 '우리 학교 선생님'은 a teacher at my school이 되는 거예요. 그렇다면 '서울대학교 교수'는 어떻게 표현할까요? 교수를 뜻하는 영어 단어는 professor예요.

유리 a professor at Seoul university요.

와이 쌤 정답. 다음으로 '역사 선생님'은 '역사라는 과목을 가르치는 선생님'이라는 뜻이죠. 역사 선생님의 머릿속에는 역사 지식이 가득 담겨 있죠.

😊 유리 ▶ 네.

🐑 와이 쌤 ▶ 역사 선생님과 역사 지식은 분리해서 생각할 수가 없습니다. 뗄 수 없는 연결을 나타내는 전치사는요?

😊 유리 ▶ of죠.

🐑 와이 쌤 ▶ 맞아요. 그러니까 이 문제에서는 of를 사용하는 거예요.

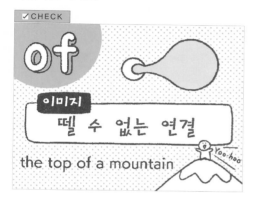

✓CHECK

of

이미지 뗄 수 없는 연결

the top of a mountain

😊 유리 ▶ 그런데 '~의'를 나타내는 전치사는 많잖아요.

🐑 와이 쌤 ▶ 네, 특히 많죠. 그런데 '에'나 '에서'를 뜻하는 전치사도 많죠. 문제 ②부터 ④까지 배운 중요한 내용을 정리해 볼까요?

✓CHECK

우리말을 영어로 옮길 때, 같은 말이라고 해서 반드시 같은 단어로 표현하는 것은 아닙니다. 의미를 잘 생각하면서 영어로 옮길 필요가 있는 거죠.

😊 유리 ▶ 예. 알겠습니다!

5

(1) 정답 She put a blanket (over) her baby.
(2) 정답 He lives in an apartment (above) a convenience store.

🐑 와이 쌤 ▶ 이번에는 (1)과 (2)를 한꺼번에 설명할게요. over와 above는 둘 다 '위에'를 나타내는 전치사지만 의미는 약간 달라요. over는 '(활 모양을 그리듯) ~를 덮고 있다'라는 이미지거든요.

✓CHECK

over

이미지 (활 모양을 그리듯) ~를 덮고 있다

over a rainbow

😊 유리 ▶ 담요는 사람을 덮는 것이니까 문제 (1)은 over이군요.

🐑 와이 쌤 ▶ 네, 맞아요. 그런데 above에는 그런 뉘앙스가 없어요. 단지 어느 점보다 위라는 것을 나타낼 뿐이지요.

😊 유리 ▶ 덮고 있지 않아도 된다는 건가요?

🐑 와이 쌤 ▶ 그렇지요. 그러니까 어떤 것보다 위 지점에 있으면 옆으로 비켜 있어도 above를 쓸 수 있어요.

🐑 와이 쌤 ▶ 그럼 여기서 '편의점 위에 있는 아파트'를 생각해 볼까요? 예를 들어 1층에 편의점이 있고, 2층에는 201호에서 203호까지 아파트가 있는데, 그가 그중 어딘가에 살고 있는 상황을 생각해 보세요. 그의 아파트는 편의점을 덮고 있다고 할 수 있나요?

😊 유리 ▶ 덮고 있는 느낌은 없는데요.

🐑 와이 쌤 ▶ 그렇죠. (2)는 단지 '편의점 위의 한 장소에 살고 있다'라는 의미의 문장이기 때문에 above를 사용하는 거예요.

① ② **3** ④ ⑤ ⑥ ⑦

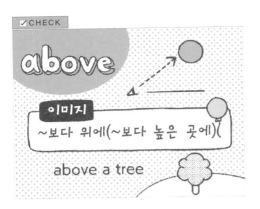

✓CHECK

above

이미지

~보다 위에(~보다 높은 곳에)(

above a tree

(3) 정답 The cats live (under) a bridge.

(4) 정답 From the airplane we saw the sea (below) us.

와이 쌤 under와 above도 함께 설명할게요. over가 '덮다'를 의미한다면 under는 '덮여 있다'를 의미한다고 할 수 있지요. above와 below는 어떻게 다를까요?

유리 above는 어떤 지점보다 단순히 위라는 걸 나타내고, below는 어떤 지점보다 단순히 아래라는 걸 나타내죠.

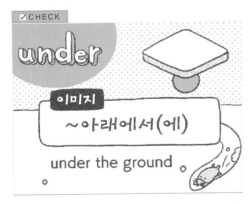

✓CHECK

under

이미지

~아래에서(에)

under the ground

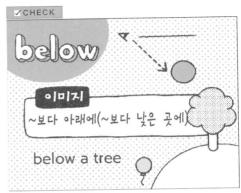

✓CHECK

below

이미지

~보다 아래에(~보다 낮은 곳에)

below a tree

와이 쌤 바로 그거예요. 자, 다리 밑에 살고 있는 고양이는 다리에 덮여 있나요?

유리 네. 다리에 덮여 살고 있기 때문에 비도 피할 수 있죠.

와이 쌤 그럼 비행기 창문에서 아래로 바다가 보일 경우에 바다는 비행기로 덮여 있나요?

유리 덮여 있지 않아요.

와이 쌤 그렇죠. 바다는 단순히 비행기보다 아래 지점에 있다는 것. 그러니까 below를 써야 하는 거예요. 여기서 다시 문제 (4)를 살펴볼게요.

From the airplane we saw the sea below us.

문장의 from the airplane 부분에 주목해 보세요. 유리 씨, 이건 어디를 수식하죠?

유리 '비행기로부터'라고 하는 의미이기 때문에 saw(보았다)를 수식해요.

와이 쌤 그렇죠. '전치사+명사'가 동사를 수식하는 경우 이런 식으로 '앞에서 수식'할 수도 있어요. 이미지로 나타내 볼까요.

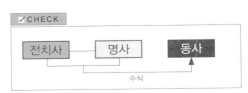

✓CHECK

| 전치사 | 명사 | 동사 |

수식

와이 쌤 마지막으로 below의 예를 하나 더 들어 볼게요.

The temperature is below zero.
(기온은 영하다.)

와이 쌤 온도계의 메모리가 0보다 위에 있거나 밑에 있을 때 '덮고 있다'거나 '덮여 있다'는 느낌이 드나요?

유리 아니요. 단순히 위아래 중 어느 쪽인 거죠?

와이 쌤 그렇죠. 그러니까 이런 경우에도 above와 below를 쓰는 거예요.

6

(1) 정답 그녀는 영어로 그 소설을 썼다.

와이 쌤 문제 6을 보면 전치사가 결코 알기 쉬운 의미로 사용되는 게 아니라는 걸 알 수 있을 거예요. 문제 2의 He put a ball in a box.라는 문장에서는 in이 '상자'라는 물체 안에 들어 있다는 걸 보여주죠.

유리 아주 알기 쉬운 문장이었어요.

와이 쌤 그렇죠. 근데 She wrote the novel in English.라는 문장의 in은 물체의 안을 나타내는 게 아니에요.

유리 맞아요.

와이 쌤 말하자면 '영어라는 세계 속에서', '영어라는 테두리 안에서'의 의미인 거죠. in은 이처럼 다양한 의미로 쓸 수 있어요.

유리 네. 그래도 이 문제는 어렵지 않았어요.

(2) 정답 조지는 암으로 죽었다.

유리 이 문장은 이해할 수 없었어요. 'of'가 '으로'라는 뜻으로 쓰인다는 건 생각하지 못했거든요.

와이 쌤 of는 '뗄 수 없는 연결'을 의미하잖아요.

유리 그렇긴 하지만요.

와이 쌤 이 문장은 '조지와 암은 뗄 수 없는 관계가 되었고, 그것이 원인이 되어 죽었다.'고 생각할 수도 있어요.

유리 그렇게 생각하면 '암으로 죽었다'는 의미가 될 수도 있겠네요.

(3) 정답 나는 여섯 아이가 있는 부부를 알고 있다.

와이 쌤 I know a couple with six children. 이라는 문장을 보고 with six children은 어디를 수식한다고 생각했어요?

유리 처음에는 동사 know를 수식한다고 생각했죠.

와이 쌤 그런가요? 예를 들어 I sang a song with six children.이라는 문장이라면 with six children은 동사 sang을 수식해요. '나는 여섯 아이들과 함께 노래를 불렀다.'라는 뜻이죠.

유리 네. 이 문장은 어렵지 않네요.

와이 쌤 근데 문장 (3)에서는 with six children이 명사 couple을 수식해요. 꼭 다음 사항을 생각하면서 해석했으면 좋겠어요.

✓ CHECK

✓ '전치사+명사'가 동사를 수식하는 경우가 아니라면 명사에 대한 수식어가 아닐까 생각해 보는 게 좋습니다. 반대로 명사에 대한 수식어가 아닌 경우에도 동사에 대한 수식어일 가능성을 염두에 두어야 합니다.

와이 쌤 with six children이 명사 couple을 수식하니까 어떻게 해석하면 될까요? with six children이 동사를 수식하는 경우에는 '~와 함께'라고 해석하지만, 명사를 수식하는 경우에는 '~와 함께한'이라고 해석해야 해요.

유리 '나는 여섯 아이와 함께한 부부를 알고 있다.'가 되죠.

① ② ③ ④ ⑤ ⑥ ⑦

문형 ② 전치사 / 명사가 4개 이상 등장하는 문장

와이 쌤> 그렇죠. 즉, 이 부부에게는….

유리> 아이가 6명 있군요!

와이 쌤> 그러니까 '나는 여섯 아이가 있는 부부를 알고 있다.'라고 해석해야 하는 거예요.

(4) [정답] **우리는 노래에 맞춰 춤을 췄다.**

와이 쌤> 이 문제는 어려웠죠?

유리> 네. '노래를 향해 춤췄다'고 하는 건 이상하잖아요.

와이 쌤> 춤추는 사람의 의식이 노래로 가서 그 리듬으로 춤을 췄다는 의미이거든요.

유리> 그렇게 설명하니까 '노래에 맞추어 춤을 췄다'라는 뜻이 이해되네요.

(5) [정답] **그 경험을 통해 나는 평화의 중요성을 배웠다.**

유리> 이건 문제없었어요.

와이 쌤> through the experience 부분이 포인트예요. through를 사용한 문장은 Ⅰ에서 다음 두 문장을 봤잖아요.

John escaped through this door.
The view through the telescope was fan-tastic.

through의 이미지는 '공간을 빠져나가다'이고요.

유리> 네.

와이 쌤> 이 두 문장에서는 정말 물체를 빠져나가죠. 그런데 비유적으로 '빠져나갔다'라고 하는 경우에도 through를 써요.

유리> 그렇군요.

와이 쌤> 그런데 Through the experience I learned the importance of peace. 이 문장에 등장하는 사람과 사물은 모두 몇 개인가요?

유리> 먼저 experience, 다음으로 I, 나머지는 importance와 peace. 모두 4개예요.

와이 쌤> 전치사를 사용하면 이렇게 네 가지 이상의 사물이나 사람에 대해 말하는 문장을 만들 수 있어요.

유리> 5개, 6개도요?

와이 쌤> 네. 문장에 사용하는 전치사 수에 제한이 없으니까요. 전치사를 많이 사용할수록 등장인물이나 등장하는 게 많은 문장을 만들 수 있어요. 그럼 오늘은 여기서 끝내기로 해요. 오늘도 수고 많았습니다!

4

넷째 날

수식어 · 조동사

표현을 풍부하게 한다

첫 번째는 **동사**

부사가 수식하는 것
① 동사

내 뼈다구! 돌려줘~

(A) 동사 ← 수식 ─ 부사

They ran fast.

(그들은 빨리 달렸다.)

(B) 부사 ─ 수식 → 동사

We often visit Booyeo.

(우리는 종종 부여를 방문한다.)

부사는 동사를 **앞** 에서도 **뒤** 에서도 수식한다.

※ 빈도를 나타내는 부사는 앞에서 수식한다.

대표 예 often, always 등

두 번째는 **형용사**

부사가 수식하는 것
② 형용사

부사 ─ 수식 → 형용사

You are too young.

(너는 너무 어리다.)

부사는 형용사를 **앞** 에서 수식한다.

세 번째는 **부사**

부사가 수식하는 것
③ 부사

부사 ─ 수식 → 부사

Tom almost always

wears a watch.

(톰은 거의 늘 시계를 차고 있다.)

부사는 부사를 **앞** 에서 수식한다.

부사를 사용하면 상황을 상세히 묘사할 수 있어요.

확실히! 자세히!
표현되었네요!

맞아요

마지막으로 **조동사**입니다.

이것도 부사와 마찬가지로 훈독을 하면 역할을 알 수 있답니다.

조동사
↓ 훈독
?

조동사도 한자로 써 볼게요.

네

조 동사 (助動詞)
돕는다

조동사는 동사를 도와 의미를 더하는 말이에요.

예를 들어 대표적인 조동사 may

may

의미 ~일지도 모른다

예
This bird may live on that mountain.
(이 새는 저 산에 살고 **있을지도 모른다**.)

이 조동사를 사용하면 표현할 때 **~일지도 모른다는 마음** (주관적인 생각)을 실어 전달할 수 있어요.

저 산에 살고 있을지도 몰라.

이런 조동사도 마음을 실어 전달할 수 있어요.

will
의지 ~할 생각이다 ~할 것이다
추측 ~일 것이다

must
~해야 한다(강한 의무)
~임에 틀림없다(강한 추측)

can
가능 ~할 수 있다
가능성 ~일 수 있다

should
~해야 한다

잘 익혀두면 다양한 표현을 할 수 있겠네요!

이상으로 표현을 풍부하게 해주는 방법을 배웠습니다!

와아!

① ② ③ **4** ⑤ ⑥ ⑦

요점을 확인해 보세요!

형용사 · 부사 같은 수식어나 조동사를 마스터하면 사물이나 상황을 자세히 묘사할 수도 있고 마음도 표현할 수 있습니다. 수식어와 조동사 사용법을 잘 파악하여 보다 풍부하게 표현해 봅시다.

수식어 · 조동사

표현을 풍부하게 한다

사물과 상황을 풍부하게 묘사한다

1 형용사는 명사 앞에서 명사를 수식한다.

▼ 예문으로 확인!

❶ Her long hair is beautiful. (그녀의 긴 머리는 아름답다.)

[형] 길다 [명] 머리카락

❷ This is an expensive watch. (이것은 값비싼 시계다.)

[형] 비싼 [명] 시계

원 포인트 !!

long과 expensive가 형용사입니다. 형용사는 뒤에 있는 명사를 자세히 설명해요. 이렇게 다른 어구를 자세히 설명하는 것을 '수식한다'고 합니다.

2 부사는 앞뒤에서 동사를 수식한다.

▼ 예문으로 확인!

❶ The man slowly pushed the button. (그 남자는 천천히 그 버튼을 눌렀다.)

[동] 천천히 [동] 눌렀다

❷ Tom sang beautifully. (톰은 아름답게 노래했다.)

[동] 노래했다 [부] 아름답게

원 포인트 !!

예문 ❶에서는 slowly가 앞에서 동사 pushed를 수식하고, 예문 ❷에서는 beautifully가 뒤에서 동사 sang을 수식하고 있어요.

GOAL

3 빈도를 나타내는 부사는 앞에서 동사를 수식한다. 단, 동사가 be동사인 경우에는 뒤에서 수식한다.

▼ 예문으로 확인!

❶ My father [sometimes] uses my bicycle.

　　　　　　　 [부] 때때로　[동] 사용한다

(아버지는 때때로 내 자전거를 사용한다.)

❷ This shop is [sometimes] closed.

　　　　　　[동] 이다　 [부] 때때로

(이 가게는 때때로 닫혀 있다.)

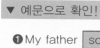

> 빈도를 나타내는 부사 sometimes가 예문 ❶에서는 동사 앞에, 예문 ❷에서는 be동사 뒤에 놓여 있는 것을 확인해 보세요. 동사가 be동사인 경우에는 뒤에서 수식한다는 것도 기억해두세요.

4 부사는 앞에서 형용사를 수식한다.

▼ 예문으로 확인!

❶ This novel is [very] long.

　　　　　　 [부] 매우　[형] 긴

(이 소설은 매우 길다.)

❷ I was [completely] exhausted.

　　　　 [부] 완전히　　　[형] 지친

(나는 완전히 지쳤다.)

> very와 completely는 부사입니다. very와 completely가 수식하는 형용사는 각각 long과 exhausted이죠. 예문처럼 부사는 형용사 앞에서 형용사를 꾸며주는 역할을 한답니다.

1
2
3
4
5
6
7

수식어·조동사

표현을 풍부하게 한다

5 부사는 앞에서 부사를 수식한다.

▼ 예문으로 확인!

❶ Tom sang very beautifully.
동 노래했다
부 매우   부 아름답게

(톰은 매우 아름답게 노래했다.)

❷ My mother walked too slowly.
동 걸었다
부 너무나   부 천천히

(어머니는 너무나 천천히 걸었다.)

원 포인트!!

beautifully와 slowly는 각각 동사 sang과 walked를 수식하는 부사입니다.
그리고 beautifully와 slowly를 수식하는 것이 very와 too죠. 문법 세계에서는 부사를 수식하는 말도 부사랍니다.

표현에 마음을 실어 전한다

6 조동사는 동사의 앞에 쓰고, 조동사의 뒤에는 동사 원형을 쓴다.

▼ 예문으로 확인!

❶ My daughter can speak Spanish.
조 ~할 수 있다   원형

(내 딸은 스페인어를 할 수 있다.)

❷ He may live in this town.
조 ~일지도 모른다 원형

(그는 이 마을에 살고 있을지도 모른다.)

원 포인트!!

can과 may가 조동사입니다. 뒤에 있는 동사가 speaks나 lives로 되어 있지 않다는 점에 주목해야 합니다. 둘 다 동사의 원형을 썼지요. 원형이란 사전에 '표제어'로 나와 있는 기본형을 말합니다.

7 조동사는 마음(화자의 주관적인 생각)을 표현할 수 있다.

▼ 대표적인 조동사	▼ 주된 의미
can	~할 수 있다(가능), ~일 수 있다(가능성)
will	~할 생각이다(의지, 예정), ~일 것이다(추측)
may	~일지도 모른다(추측)
must	~해야만 한다(의무), ~임에 틀림없다(추측)
should	~해야 한다(의무)

원 포인트 !!

> 이 다섯 가지가 조동사의 대표선수랍니다. 조동사는 동사를 도와 의미를 더해주는 말이죠.
> 조동사의 주된 역할은 표현에 마음(화자의 주관적인 생각)을 실어 전하는 것입니다.

8 조동사의 과거형을 사용하면 보다 완곡하게 표현할 수 있다.

▼ 예문으로 확인!

❶ This would be Meg's bag.

    will의 과거형

(이것은 메그의 가방일 것이다.)

❷ He might win this race.

    may의 과거형

(그가 이 경주에서 이길지도 모른다.)

❸ This could be somebody's pet.

    can의 과거형

(이것은 누군가의 애완동물일 수 있다.)

나옹~

원 포인트 !!

> 예문 ❶의 would는 will의 과거형이고, 예문 ❷의 might는 may의 과거형, 예문 ❸의 could는
> can의 과거형입니다. 이 과거형을 사용하면 좀 더 조심스럽게 '~일 것이다(~일지도 모른다)'
> 라는 추측을 나타낼 수 있습니다.

1
2
3
4
5
6
7

연습문제를 풀어보세요!

1 다음 영문을 ※의 지시에 따라서 고쳐 쓰세요.

(1) Tom caught a butterfly. (톰은 나비를 잡았다.)

　　※ '톰은 <u>작은</u> 나비를 잡았다.'라는 뜻이 되도록 바꾼다.

_____

(2) My father gave me a watch. (아버지는 나에게 시계를 주셨다.)

　　※ '아버지는 나에게 <u>파란색</u> 시계를 주셨다.'라는 뜻이 되도록 바꾼다.

_____

(3) This park is a treasure for us. (이 공원은 우리에게 보물이다.)

　　※ '이 <u>아름다운</u> 공원은 우리에게 보물이다.'라는 뜻이 되도록 바꾼다.

_____

2 다음 우리말과 같은 뜻이 되도록 빈칸에 들어갈 올바른 말을 보기에서 골라 문장을 완성하세요.

(1) 그렇게 빨리 말하지 마.

　　Don't speak so ⬚ .

(2) 그 원숭이는 갑자기 돌을 던졌다.

　　The monkey ⬚ threw a stone.

(3) 그 여자는 우아하게 케이크를 먹었다.

　　The lady ate cake ⬚ .

(4) 그 남자는 잭의 생각을 강하게 지지했다.

The man ☐ supported Jack's idea.

(5) 나의 조부모님은 여기에 살고 계셨다.

My grandparents lived ☐.

(6) 나는 파리에서 한 번 에펠탑을 보았다.

I ☐ saw the Eiffel Tower in Paris.

[보기] once here suddenly elegantly fast strongly

3 다음 우리말과 같은 뜻이 되도록 (   )에 제시되어 있는 부사를 사용해 영어 문장을 완성하세요.

(1) 나의 아버지는 보통 모자를 쓴다. (usually)

_____

(2) 나의 아버지는 보통 바쁘다. (usually)

_____

(3) 나의 할머니는 좀처럼 맥주를 마시지 않았다. (rarely)

_____

(4) 나의 할머니는 거의 부정적이 아니었다. (rarely)

_____

4 보기에서 적절한 말을 골라 다음 영문을 ※의 지시에 따라서 고쳐 쓰세요.

수식어 · 조동사 / 표현을 풍부하게 한다

(1) This watch is expensive. (이 시계는 비싸다.)

　　※ '이 시계는 너무 비싸다.'라는 뜻이 되도록 바꾼다.

_____

(2) Meg was an honest person. (메그는 정직한 인물이었다.)

　　※ '메그는 정말 정직한 인물이었다.'라는 뜻이 되도록 바꾼다.

_____

(3) Lisa swam slowly. (리사는 천천히 헤엄쳤다.)

　　※ '리사는 수영을 꽤 천천히 했다.'라는 뜻이 되도록 바꾼다.

_____

(4) We worked hard. (우리는 열심히 일했다.)

　　※ '우리는 아주 열심히 일했다.'라는 뜻이 되도록 바꾼다.

_____

[보기]　very　fairly　really　too

5 다음 우리말과 같은 뜻이 되도록 조동사를 사용하여 영어로 쓰세요.

(1) 우리는 내일 콘서트에 갈 예정이다.

_____

(2) 이 로봇은 춤을 출 수 있다.

_____

(3) 너는 이 도시를 떠나야 한다.

_____

(4) 우리는 중국어를 마스터해야 한다.

_____

(5) 그의 아버지는 잘생겼음에 틀림없다.

_____

(6) 그녀에게는 4명의 아이가 있을지도 모른다.

_____

(7) 이 이야기는 사실일 가능성이 있다.
    ※ 조동사의 과거형을 사용한다.

_____

6 다음 영문이 좀 더 완곡한 표현이 되도록 조동사 형태를 바꿔 쓰세요.

(1) That person will be his father. (저 사람은 그의 아버지일 것이다.)

_____

(2) Tom can solve this problem. (톰은 이 문제를 풀 수 있다.)

_____

(3) The president may be sick. (사장님은 아플지도 모른다.)

_____

정답을 맞춰보세요!

수식어 · 조동사

표현을 풍부하게 한다

1 (1) Tom caught a (small) butterfly. (2) My father gave me a (blue) watch. (3) This (beautiful) park is a treasure for us.

2 (1) Don't speak so (fast). (2) The monkey (suddenly) threw a stone. (3) The lady ate cake (elegantly). (4) The man (strongly) supported Jack's idea. (5) My grandparents lived (here). (6) I (once) saw the Eiffel Tower in Paris.

3 (1) My father usually wears a hat. (2) My father is usually busy. (3) My grandmother rarely drank beer. (4) My grandmother was rarely negative.

4 (1) This watch is (too) expensive. (2) Meg was a (really) honest person. (3) Lisa swam (fairly) slowly. (4) We worked (very) hard.

5 (1) We will go to a concert tomorrow. (2) This robot can dance. (3) You should leave this town. (4) We must master Chinese. (5) His father must be handsome. (6) She may have four children. (7) This story could be true.

6 (1) That person (would) be his father. (2) Tom (could) solve this problem. (3) The president (might) be sick.

1

(1) 정답 Tom caught a (small) butterfly.

와이 쌤 이 문제는 명사인 butterfly 앞에 small 을 쓰는지 보는 거예요.

유리 이건 알고 있었죠.

와이 쌤 형용사는 a와 명사 사이에 와요. a 앞에 쓰지 않는다는 걸 알아야 해요.

유리 그야 물론 알고 있죠. 그런데 small 대신 little을 써도 되나요?

와이 쌤 그럼요. a small butterfly나 a little butterfly나 거의 같은 뜻이니까요.

(2) 정답 My father gave me a (blue) watch.

유리 이것도 수식어인 형용사를 어디에 쓰느냐는 문제군요.

와이 쌤 맞아요. 이 문제는 어땠어요?

유리 이것도 어렵지 않았어요.

(3) 정답 This (beautiful) park is a treasure for us.

유리 이 문제도 어렵지 않았지만 한 가지 궁금한 게 있어요. this beautiful park를 beautiful this park로 하면 안 되나요? 우리말로는 '이 아름다운 공원도'라고 해도 되고, '아름다운 이 공원'이라고 해도 되잖아요?

와이 쌤 물론 우리말이라면 둘 다 괜찮죠. 그런데 다음 사항을 알아뒀으면 좋겠네요.

✓CHECK

✓ 'a, the, this, that, my, our, his, her, their, its+명사'라는 표현에 형용사를 추가할 경우에는 형용사를 사이에 쓴다.

유리 구체적인 예를 모두 알려주세요.

와이 쌤 OK! 예를 보여줄게요.

✓CHECK

✓ a tall building (높은 빌딩)
✓ an easy problem (쉬운 문제)
✓ the cute cat (그 귀여운 고양이)
✓ this wide space (이 넓은 공간)
✓ that black car (저 검은 차)
✓ my favorite song (내가 좋아하는 노래)
✓ our old house (우리의 낡은 집)
✓ his beautiful voice
  (그의 아름다운 목소리)
✓ her long hair (그녀의 긴 머리)
✓ their excellent performance
  (그들의 뛰어난 연기)
✓ its snowy top (그 눈 덮인 정상)

2

(1) 정답 Don't speak so (fast).

와이 쌤 '빨리'는 동사 '말하다'를 수식하지요. 동사를 수식하는 말은 부사거든요. '빨리'를 뜻하는 부사 fast를 선택하면 정답입니다.

유리 fast는 '빠른'이라고 하는 의미의 형용사로 알고 있었어요. 예를 들어 fast food처럼 명사를 수식할 때는 형용사잖아요. 그런데 여기서는 부사네요?

와이 쌤 좋은 질문이군요. 설명은 (4)에서 할 테니까 조금만 기다려줘요.

유리 네.

(2) 정답 The monkey (suddenly) threw a stone.

와이 쌤 '갑자기'는 동사의 '던졌다'를 수식하는 부사인데요, 이 뜻을 가진 부사는요?

유리 suddenly죠.

(3) 정답 The lady ate cake (elegantly).

1
2
3
4
5
6
7

89

STEP 3

수식어 · 조동사

표현을 풍부하게 한다

👧와이 쌤▶ '우아하게'는 동사의 '먹었다'를 수식하는데 '우아하게'의 의미를 가진 말을 골라 보세요.

🧑유리▶ elegantly죠.

👧와이 쌤▶ 유리 씨, 이 단어는 알고 있었어요?

🧑유리▶ 아니요. 우리말에도 '우아한 여성' 같은 표현을 쓰니까 elegant는 알고 있었지만, elegantly는 몰랐어요.

(4) 정답 The man (strongly) supported Jack's idea.

👧와이 쌤▶ '강하게'는 동사 '지지했다'를 수식하죠. '강하게'를 뜻하는 부사는 strongly고요. 유리 씨, 부사 strongly는 몰랐을지도 모르지만, 형용사 strong은 알고 있었잖아요?

🧑유리▶ 네. 형용사에 –ly를 붙이면 부사가 되나요?

👧와이 쌤▶ 그런 경우가 많아요. 하지만 fast처럼 두 개의 품사를 겸하는 것도 적지 않아요.

🧑유리▶ fast는 형용사, 부사 둘 다 쓰는군요!

👧와이 쌤▶ 그렇지요. 이게 아까 질문한 답이에요. 이 내용은 형용사와 부사를 알아둘 때 도움이 되는 지식이니까 정리해 두도록 하죠.

✓ CHECK

✓ –ly를 붙이면 부사가 되는 형용사가 많다.
✓ 형용사이자 부사인 경우도 많다.

🧑유리▶ '형용사이자 부사'로 쓰는 예를 fast 말고도 알려주세요.

👧와이 쌤▶ OK! 예문으로 보여 줄게요.

✓ CHECK

✓ I caught an early train.
  (나는 이른 기차를 탔다.)
※ early는 명사 train을 수식하는 형용사이다.
✓ I arrived at the town early.
  (나는 일찍 그 마을에 도착했다.)
※ early는 동사 arrived를 수식하는 부사다.

✓ The wall is high. (그 벽은 높다.)
※ high은 be동사 뒤에서 사용되는 형용사이다.
✓ They jumped high.
  (그들은 높이 뛰었다.)
※ high는 동사 jump를 수식하는 부사이다.

🧑유리▶ early는 부사만 있는 줄 알았어요. 반대로 high은 형용사만 있는 줄 알았고요.

👧와이 쌤▶ high와 같이 형용사이기도 하고 부사이기도 한 것들이 많아요. 그 밖에도 late, straight 등도 그래요. 그럼 유리 씨, 사전에서 late와 straight를 찾아서 품사의 마크를 봐 주세요.

🧑유리▶ late에도 straight에도 형용사 마크와 부사 마크 둘 다 있어요!

👧와이 쌤▶ 그렇죠? late에는 '늦은'이라는 형용사의 의미뿐만 아니라 부사 '늦게'의 의미도 있거든요. straight에는 형용사 '똑바른'이라는 의미뿐만 아니라 부사 '똑바로'라는 의미도 있어요.

🧑유리▶ 사전에 이렇게 품사가 표시되어 있는 걸 몰랐어요. 앞으로는 사전에 나와 있는 정보를 잘 활용해야겠네요.

(5) 정답 My grandparents lived (here).

👧와이 쌤▶ '여기에'를 의미하는 부사는 here예요. '여기서'라고 해석하는 경우도 있지만요.

🧑유리▶ live의 뒤에 in을 써서 My grandparents lived in here. 이라고 하면 안 되나요?

👧와이 쌤▶ here나 there, 또는 home이나 abroad 등은 '에', '에서'의 의미가 포함되어 있어요. 그러니까 이 말만으로 동사를 수식할 수 있는 거죠. 전치사는 필요 없어요.

🧑유리▶ 그렇군요. 그러니까 '집으로 간다'는 go to home이 아니라 go home인 거군요.

👧와이 쌤▶ 그렇죠. '해외에 가다'도 go to abroad 가 아니라 go abroad로 하면 되고요. to는 필

요 없는 거죠.

(6) 정답 I (once) saw the Eiffel Tower in Paris.

와이 쌤 '한 번', '언젠가'라는 의미를 지닌 once도 얼른 마스터해보죠.

유리 네!

와이 쌤 '두 번', '세 번', '네 번'을 나타내는 표현도 알아두면 좋으니까 함께 정리할게요.

☑ CHECK

✓ 한 번 : once
✓ 두 번 : twice
✓ 세 번 : three times
✓ 네 번 : four times

유리 세 번 이상은 ~ times를 붙이는군요.

와이 쌤 맞아요. 자주 쓰는 표현이니까 꼭 기억해두세요!

3

(1) 정답 My father usually wears a hat.
(2) 정답 My father is usually busy.

와이 쌤 ③은 두 문제씩 한꺼번에 설명할게요. 우선 (1)과 (2)인데, 이 두 문장에서는 같은 부사 usually를 썼는데 위치가 다르죠?

유리 네. (1)에서는 동사 앞에 usually가 있고 (2)에서는 동사 뒤에 있는데요.

와이 쌤 그래요. usually는 '보통', '대개'라는 뜻으로, 빈도를 나타내는 부사예요. 빈도는 일이 반복되어 일어나는 정도를 말하는데, 빈도를 나타내는 부사는 '일반 동사의 앞, be동사의 뒤'에 써요.

유리 그런데 저는 '쓴다'를 영어로 하면 wear가 된다는 게 생각나지 않았어요. wear는 '입고 있다'라는 이미지밖에 없었거든요.

와이 쌤 '쓴다'뿐만 아니라 안경을 끼거나 넥

타이를 매는 것도, 시계를 차는 것도, 구두를 신는 것도 다 wear죠.

유리 몸에 걸치는 건 전부 wear로 표현할 수 있군요.

와이 쌤 바로 그거예요. 그러니까 wear라는 단어는 '입고 있다'가 아니라 '몸에 걸친다'라고 기억해두는 게 좋아요.

유리 그렇군요. 그렇게 기억하고 있으면 응용할 수 있어요!

(3) 정답 My grandmother rarely drank beer.
(4) 정답 My grandmother was rarely negative.

와이 쌤 rarely도 빈도 부사인데, 유리 씨는 알고 있었어요?

유리 아니요.

와이 쌤 그런데 게임 같은 데서 '레어'라는 말을 들어본 적은 있죠?

유리 네. 아, 그렇군요. '레어'는 rare이고, 여기에 -ly가 붙은 말이 rarely군요.

와이 쌤 rarely는 '드물게', '좀처럼 …하지 않는'이라는 뜻의 부사예요. 이것도 빈도를 나타내는 부사인 거죠.

유리 그러니까 usually처럼 여기에서도 일반 동사 앞, be동사 뒤에 쓴다는 거군요.

와이 쌤 맞았어요! 근데 유리 씨, 빈도를 나타내는 부사 중에 생각나는 거 없어요?

유리 음, often과 always가 있어요.

와이 쌤 좋아요. 대표적인 예를 들어 볼게요.

☑ CHECK

✓ always (언제나)
✓ usually (보통, 대개)
✓ normally (보통, 일반적으로)
✓ frequently (자주, 흔히)
✓ often (자주, 종종)
✓ sometimes (가끔, 때때로)

수식어 · 조동사

표현을 풍부하게 한다

✓ occasionally (가끔)

✓ rarely (좀처럼 ~하지 않는)

✓ seldom (거의 ~하지 않는)

✓ never (결코 ~않는)

4

(1) 정답 This watch is (too) expensive.

와이 쌤 문제 4에서는 형용사나 부사를 수식하는 부사를 다루었어요. 부사가 쓰이는 위치는요?

유리 형용사, 부사 앞이죠.

와이 쌤 맞아요. too expensive는 '너무나'라는 뜻의 부사 too가 뒤에 있는 형용사를 수식하고 있어요.

유리 네. 이런 건 문제없어요.

(2) 정답 Meg was a (really) honest person.

와이 쌤 이 문장도 부사가 형용사를 수식하고 있는 예이긴 하지만 형용사의 기능이 아까와는 조금 다른데, 어떻게 다른지 알아요?

유리 음~ 뭐지?

와이 쌤 문장 (1)에서는 형용사는 거기서 문장이 끝났어요. 그런데 문장 (2)에서는 부사가 수식하는 형용사가 명사 person을 수식하고 있어요.

유리 정말이네요! 수식어가 연속으로 나와 있네요.

와이 쌤 맞아요. 이러한 패턴의 문장을 몇 개 더 제시해 볼게요.

✓CHECK

✓ very beautiful girls

(매우 아름다운 소녀들)

※ 부사 very가 형용사 beautiful을 수식하고, beautiful이 명사 girls를 수식한다.

✓ a slightly odd story (약간 이상한 이야기)

※ 부사 slightly가 형용사 odd를 수식하고, odd가 명사 story를 수식한다.

✓ almost all boys (거의 모든 소년들)

※ 부사 almost가 형용사 all을 수식하고, all이 명사 boys를 수식한다.

(3) 정답 Lisa swam (fairly) slowly.

유리 이 fairly라는 말을 몰랐어요.

와이 쌤 fair는 페어플레이의 페어에 해당하는 말이에요. '공정한'이라는 의미죠.

유리 그렇다면 fairly는 '공정하게'라는 뜻인가요?

와이 쌤 그런 의미도 있어요. 그런데 '상당히', '꽤'라는 의미도 있어요. 유리 씨, 이 문장에서 fairly는 무엇을 수식하는지 알아요?

유리 slowly죠.

와이 쌤 그렇죠. 부사 slowly를 수식하죠. 그리고 부사를 수식하는 말도 문법에서는 부사예요. 그러니까 이 fairly도 부사인 거죠.

(4) 정답 We worked (very) hard.

유리 너무나 쉽네요.

와이 쌤 그럼 very는 무엇을 수식할까요?

유리 부사 hard를 수식하죠. very도 부사니까요.

와이 쌤 아주 잘하네요!

5

(1) 정답 We will go to a concert tomorrow.

와이 쌤 ⑤의 주제는 조동사입니다. 조동사는 동사 앞에 쓰는데, 동사를 도와 문장에 의미를 더해주는 역할을 하지요.

유리 의미를 더해준다는 점에서는 수식어에 가깝지 않아요?

와이 쌤 맞아요. 그러니까 오늘은 수식어와 조동사를 한꺼번에 다루었어요. 그럼, 우선 will부터 볼게요.

유리 이 문제는 쉽게 풀었어요.

와이 쌤 의지 · 예정의 의미가 있는 will이 많이 사용되죠?

유리 네. 자주 보기도 하고 듣기도 하죠.

(2) 정답 This robot can dance.

와이 쌤 이번에는 가능을 나타내는 can이에요.

유리 이 문제도 비교적 쉬웠어요.

(3) 정답 You should leave this town.

(4) 정답 We must master Chinese.

와이 쌤 (3), (4) 문제는 한꺼번에 다룰게요. 같은 의미의 그룹이니까요.

유리 같은 의미의 그룹이요?

와이 쌤 네. '해야 한다'는 의무의 의미라고 할 수 있잖아요.

유리 음, 그렇네요. should와 must군요!

(5) 정답 His father must be handsome.

(6) 정답 She may have four children.

와이 쌤 (5), (6) 문제도 같은 의미의 그룹이에요. must는 '~임에 틀림없다'는 의미이고 may는 '~일지도 모른다'라는 뜻인데, 어떤 말로 정리할 수 있나요?

유리 예상과 추측이요.

와이 쌤 좋아요. 여기선 추측이라는 말로 정리해 두지요. '~임에 틀림없다'라는 강한 추측이 must이고, '~일지도 모른다'는 뜻으로는 may를 써요. 참고로 will에도 추측의 의미가 있는데, 이건 다음 ⑥에서 설명할게요.

(7) 정답 This story could be true.

와이 쌤 can에는 '있을 수 있다'는 가능성의 의미도 있어요. 가능의 의미도 있고요.

유리 can의 의미는 가능성과 가능이군요.

와이 쌤 그래요. 근데 여기서는 '조동사의 과거형을 사용하라.'고 되어 있으니까 could를 사용해야 되겠죠.

유리 can과 could는 의미가 다른가요?

와이 쌤 이 질문에 대해서는 다음 ⑥에서 설명할게요.

6

(1) 정답 That person (would) be his father.

와이 쌤 동사뿐만 아니라 조동사에도 과거형이 있어요. 하지만 조동사의 과거형은 동사의 과거형과는 쓰임이 좀 달라요.

유리 어떻게 달라요?

와이 쌤 동사의 과거형은 어떤 경우에 쓰죠?

유리 물론 과거의 일을 나타내는 데 쓰죠.

와이 쌤 그렇죠. 과거형은 주로 지난 일을 나타낼 때 써요. 그렇지만 조동사의 과거형은 공손하게 표현하거나 조심스럽게 말하기 위해서 쓰는 일이 굉장히 많아요.

유리 will을 would로 바꾸면 '공손한 표현'이 되는군요.

와이 쌤 맞아요. 이 That person would be his father.라는 문장은 will을 이용한 문장보다 부드럽고 조심스러운 추측이라고 볼 수 있어요.

수식어 · 조동사

표현을 풍부하게 한다

(2) 정답 Tom could solve this problem.

유리 could는 can의 과거형이죠. 아까 나왔어요.

와이 쌤 그렇죠. could를 사용하면 Tom can solve this problem.보다 더 조심스러운 표현이 돼요. 다른 사람이 그 문제를 풀 수 있을지는 잘 모를 때가 더 많잖아요.

유리 네.

와이 쌤 can solve라면 '풀 수 있다'라고 하는 단언하는 것이지만, could로 하면 '톰이라면 풀 수 있지 않을까?' 하는 뉘앙스가 있는 조심스러운 표현이 되죠. 말하자면 단언을 피할 수 있는 거예요.

유리 공손한 느낌인가요?

와이 쌤 네, 그렇다고도 할 수 있겠네요.

(3) 정답 The president might be sick.

와이 쌤 다음은 may의 과거형 might예요.

유리 남이 아픈지 어떤지도 단언하지 않는 편이 좋을 것 같은데요.

와이 쌤 그렇죠. 타인의 몸이나 집안 사정 같은 건 특히 신중한 말투로 해야 되는 경우가 많잖아요. 그러한 화제로 대화할 때를 위해서라도 would, could, might를 알아두는 게 좋아요.

유리 네.

와이 쌤 일곱째 날에 배울 '의문문'과 관련된 쓰임인데, 다음과 같은 표현도 알아두면 좋아요.

✓CHECK

❶ Can you help me?

❷ Could you help me?

❸ Will you help me?

❹ Would you help me?

유리 모두 '나 좀 도와줄래요?'라는 뜻인가요?

와이 쌤 맞아요. ❶의 can은 가능 의 의미예요. "당신은 나를 도울 수 있는 상황입니까?"라고 묻는 문장인데, 실제로는 "도와주세요."라고 부탁하기 위해 쓰이는 경우가 많아요.

유리 ❶보다 ❷가 더 정중하게 부탁하는 표현 방법이라는 거군요.

와이 쌤 맞아요. ❸의 will은 의지 의 의미예요. "당신은 나를 도울 의지가 있습니까?"라는 것을 묻는 문장이고, 보통 "도와주세요."라고 부탁할 때 쓰는 문장이에요.

유리 이것도 ❹가 더 공손하고 조심스러운 표현이라는 거군요.

와이 쌤 그래요. ❸은 명령 에 가까운 뉘앙스가 될 수 있기 때문에 반드시 ❹를 사용하는 게 좋지요. 특히 ❷와 ❹는 잘 알아두세요.

유리 네. 지금 당장 외울게요.

와이 쌤 지금 당장, 좋아요! 그럼 오늘은 이것으로 마치겠습니다.

5
다섯째 날

수동태 · 진행형

be동사의 네 가지 역할

7-day workbook on the basics of English grammar

세 번째와
네 번째는
진행형과 **수동태**
예요.

이런 문장들을 만들 때는
be동사가 아주 중요하죠.

맞아~

1
2
3
4
5
6
7

진행형
문장은

진행형

'~하고 있다', '~하는 중이다'

예 A boy is singing.

(한 소년이 노래하고 있다.)

'~하고 있다,'
'~하는 중이다'
라고 하는 상황을
나타낼 수 있어요.

진행형은
이렇게
만들어요.

영어의 진행형 만드는 법

① be동사 를 덧붙인다. (위치는 일반 동사 앞)

② 일반 동사 를 ing형으로 바꾼다.

서술어의 형태 → be동사 ➕ ing형 동사

예외적인 ing형은 167쪽에
정리되어 있어요.

※ ing형은 동사의 어미에 -ing를 붙인 것.

이런 식으로

서술어의 형태를 바꿔서
진행형을 만드는 거예요.

서술어

A boy sings.

(한 소년이 노래한다.)

원문

서술어

be동사 일반 동사ing

A boy is singing.

(한 소년이 노래하고 있다.)

진행형

아하/

마지막으로 **수동태**예요.

수동태

'~에 의해서 …되다.' '주어가 …받는다'

예 Bob is respected by his students.
(밥은 그의 학생들에게 존경받고 있다.)

선생님 역시 최고!

수동태는 주어가 동작의 대상이 될 때 사용해요.

우리말로는 '주어가 ~에 의해서 …되다', '주어가 …받는다' 라고 해석하죠.

수동태는 서술어의 형태를 바꾸어 문장을 만드는 거예요.

서술어

주어

be동사 + **과거분사**

수동태도 진행형처럼 서술어의 형태를 바꾸는군요.

유리 씨!

일반 동사가 어떤 동사 였는지 기억해요?

일반 동사는 be동사와 조동사를 제외한 나머지 동사를 말하는 거예요.

음~

be동사와 조동사를 제외한 동사가 일반 동사 아닌가요?

딩동댕! 헤헷

walk / be동사
eat / 일반 동사
동사 / believe

이런 것도 모두 일반 동사예요.

STEP 1

요점을 확인해 보세요!

다섯째 날은 be동사의 쓰임새를 알아보겠습니다. be동사는
다양한 역할을 하는 동사입니다. 오늘 강의에서는 be동사를
한꺼번에 공략해보겠습니다.

be동사는 네 가지 역할을 한다

1 주어가 어떤 '명사'나 어떤 '상태'와 '이퀄의 관계'에 있다는
것을 나타낸다.

▼ 예문으로 확인!

❶ My mother is a singer. (나의 어머니는 가수다.)
   ⓐ   ⓑ
                                    ※ ⓐ=ⓑ가 성립한다.

❷ He was busy. (그는 바빴다.)
   ⓐ   ⓑ

> 현재의 일이라면 be동사 는 현재형을 쓰고, 과거의 일이라면 과거형을 써야 해요. 이 규칙은
> 다음 2 · 3 · 4 에도 적용됩니다.

2 어떤 것이 '존재한다'는 사실을 나타낸다.

❶ I talked with Joe on the phone yesterday. He is in New York now.
  (나는 어제 조와 통화했다. 그는 지금 뉴욕에 있다.)

어떤 것에 대해 처음으로 화제로 삼을 경우 다음과 같이 표현한다.

▼ 예문으로 확인!

❶ There is a big clock in my bedroom.
  (내 침실에는 큰 시계가 있다.)

❷ There were ten ants in the box.
  (상자 안에는 열 마리의 개미가 있었다.)

> 'There + be동사 + 존재하는 것' 순으로 나타내요.

3 어떤 것이 '하고 있다'는 것을 나타낸다(|진행형|).

▼ 예문으로 확인!

❶ Sara |is| dancing on the stage.
(사라는 무대 위에서 춤추고 있다.)

❷ My mother |was| swimming with a cat.
(엄마가 고양이와 함께 수영하고 있었다.)

 원 포인트 !!

진행형은 주어 뒤에 |be동사| 를 쓰고 그 다음에 일반 동사+ing를 씁니다.

4 '주어가 ∼에 의해서 …되다', '주어가 …받는다'는 것을
나타낸다(|수동태|).

▼ 예문으로 확인!

❶ Bob |is| respected by his wife. (밥은 아내로부터 존경받고 있다.)

❷ The car |was| destroyed by a bear. (그 차는 곰에 의해 파괴되었다.)

 원 포인트 !!

주어 다음에 |be동사| 를 쓰고, 그 다음에 동사의 과거분사형을 쓰면 됩니다.

과거분사 뒤에 명사 혹은 형용사가 있는 패턴은 다음과 같이 표현한다.

▼ 예문으로 확인!

❶ Meg |was| told the news by Tom.
(메그는 톰으로부터 그 소식을 전해 들었다.)

❷ The baby |is| called Ken by his parents.
(그 아기는 그의 부모님에 의해 켄이라고 불린다.)

❸ Jack |is| considered a genius by everybody.
(잭은 모든 사람들에게 천재로 여겨진다.)

❹ The boy |was| left alone by them.
(그 소년은 그들로부터 혼자 남겨져 있었다.)

 원 포인트 !!

과거분사 뒤에 있는 명사나 형용사는 '을', '∼라고', '로' 등 적절한 말로 해석하면 됩니다.

①
②
③
④
5
⑥
⑦

STEP 2

연습문제를 풀어보세요!

1 다음 우리말과 같은 뜻이 되도록 괄호 안의 단어를 배열하여 문장을 완성하세요.

(1) 이 빛은 매우 밝다.
(very / bright / this / is / light).

(2) 무대 위의 여성들은 의사다.
(doctors / are / stage / the / ladies / the / on).

(3) 그 마을은 너무 위험했다.
(town / dangerous / the / too / was).

(4) 이것들은 아버지로부터의 편지이다.
(father / are / these / letters / from / my).

2 다음 우리말을 ※에 주어진 상황에 맞게 영어로 쓰세요.

(1) 난 여기 있어!
※ "어디에 있는 거야?"라고 묻는 말에 대한 대답

(2) 엄마는 지금 파리에 계셔.
※ "너희 어머니는 어디에 계시니?"라고 묻는 말에 대한 대답

(3) 네 가방은 저 나무 밑에 있어.
※ "내 가방 어디에 있어?"라고 묻는 말에 대한 대답

(4) 당신의 신발은 저 상자 안에 있습니다.

※ "내 신발은 어디에 있어요?"라고 묻는 말에 대한 대답

---

3 다음 우리말과 같은 뜻이 되도록 괄호 안의 단어를 배열하여 문장을 완성하세요. 괄호 안에 있는 be동사는 적절한 형태로 바꿔 사용하면 됩니다.

(1) 너의 차 위에 고양이가 있다.

(on / there / cat / be / car / a / your).

---

(2) 천장에 세 마리의 파리가 있다.

(ceiling / there / on / flies / three / the / be).

---

(3) 어린 시절 이 공원에 큰 바위가 있었다.

In my childhood, (big / this / there / park / a / rock / be / in).

---

(4) 10년 전, 이 마을에는 5개의 영화관이 있었다.

Ten years ago, (this / five / be / movie / town / in / there / theaters).

---

4 다음 우리말과 같은 뜻이 되도록 빈칸에 적절한 단어를 넣어 문장을 완성하세요.

(1) 지금 나는 텔레비전을 보고 있다.

I ⬚ ⬚ TV now.

(2) 많은 소년들이 그녀의 노래를 듣고 있었다.

Many boys ⬚ ⬚ to her song.

① ② ③ ④ 5 ⑥ ⑦

(3) 나의 아들들이 욕실에서 신발을 세탁하고 있다.

My sons ☐ ☐ their shoes in the bathroom.

(4) 엄마는 주방에서 스튜를 만들고 있다.

My mother ☐ ☐ stew in the kitchen.

(5) 톰은 지금 자고 있는지도 모른다.

Tom ☐ ☐ ☐ now.

5 다음 우리말과 같은 뜻이 되도록 빈칸에 적절한 단어를 넣어 문장을 완성하세요.

(1) 이 그림은 피카소에 의해 그려졌다.

This picture ☐ ☐ by Picasso.

(2) 그의 가방은 항상 비서에 의해 운반된다.

His bag ☐ ☐ ☐ by his secretary.

(3) 이 도구는 유명한 과학자에 의해 발명되었다.

This tool ☐ ☐ by a famous scientist.

(4) 나는 자주 엄마한테 야단맞는다.

I ☐ ☐ ☐ by my mother.

6 다음 문장을 수동태 문장으로 바꿔 쓰세요.

(1) Tom repaired this watch.

(2) In the 19th century, America invaded Mexico.

(3) Bob always supports me.

(4) Tom sent Mary a ring.
※ Mary를 주어로 한 수동태 문장을 만들 것.

(5) Everybody considers him a hero.

1

2

3

4

5

6

7

7 다음 영문을 우리말로 해석하세요.

(1) I was handed a letter by a girl.

(2) His room was always kept clean by his wife.

(3) The cat was named Tama by the girl.

(4) I was paid ten dollars by the man.

정답을 맞춰보세요!

수동태 · 진행형

be동사의 네 가지 역할

1 (1) This light is very bright. (2) The ladies on the stage are doctors. (3) The town was too dangerous. (4) These are letters from my father.

2 (1) I am here! (2) My mother is in Paris now. (3) Your bag is under that tree. (4) Your shoes are in that box.

3 (1) There is a cat on your car. (2) There are three flies on the ceiling. (3) In my childhood, there was a big rock in this park. (4) Ten years ago, there were five movie theaters in this town.

4 (1) I (am) (watching) TV now. (2) Many boys (were) (listening) to her song. (3) My sons (are) (washing) their shoes in the bathroom. (4) My mother (is) (making) stew in the kitchen. (5) Tom (may) (be) (sleeping) now.

5 (1) This picture (was) (painted) by Picasso. (2) His bag (is) (always) (carried) by his secretary. (3) This tool (was) (invented) by a famous scientist. (4) I (am) (often) (scolded) by my mother.

6 (1) This watch was repaired by Tom. (2) In the 19th century, Mexico was invaded by America. (3) I am always supported by Bob. (4) Mary was sent a ring by Tom. (5) He is considered a hero by everybody.

7 (1) 나는 한 소녀로부터 편지를 받았다. (2) 그의 방은 언제나 그의 아내에 의해서 깨끗하게 되어 있었다. (3) 그 고양이는 소녀에 의해 타마라고 이름 지어졌다. (4) 나는 그 남자로부터 10달러를 지불받았다.

1

(1) 정답 This light is very bright.

와이 쌤▶ 이건 light(빛)와 bright(밝은)가 어떻게 다른지 이해하고, 수식어 very를 bright 앞에 놓으면 되겠죠?

유리▶ 네. 부사 very가 뒤에 있는 형용사 bright를 수식하는군요.

와이 쌤▶ 그렇죠. 넷째 날에 배운 내용이지요.

(2) 정답 The ladies on the stage are doctors.

와이 쌤▶ ladies 뒤에 먼저 on the stage를 쓰고 그 뒤에 be동사를 쓰면 되겠죠. 이 순서가 포인트랍니다. on the stage를 이 위치에 쓰면 '무대에'가 아니라 '무대의', '무대에 있는'이라는 의미가 됩니다. 즉, 앞에 있는 명사를 수식하는 거지요.

유리▶ 네. 여기는 좀 헷갈리기는 했지만 셋째 날에 배웠기 때문에 그래도 할 수 있었어요.

와이 쌤▶ be동사를 are로 쓰는 건 알죠?

유리▶ 이것도 처음에는 is를 썼는데, ladies가 복수니까 are를 써야 된다는 걸 알았죠.

(3) 정답 The town was too dangerous.

와이 쌤▶ 문제 (1)과 구조가 똑같은 문장이에요.

유리▶ 정말 그렇네요.

와이 쌤▶ 지난 얘기니까 was를 써야겠죠. 그리고 부사 too(너무)가 형용사 dangerous(위험한)를 수식하니까 'too+dangerous' 식으로 배열해서 문장을 만들면 되죠.

(4) 정답 These are letters from my father.

와이 쌤▶ 이것도 문제 (2)와 마찬가지로 명사를 수식하는 '전치사+명사'가 포함된 문장입니다.

유리▶ letters from my father 부분 말이죠. 이건 어렵지 않았어요. 그런데 these가 '이것

들'이라는 의미로 사용한다는 건 몰랐어요.

와이 쌤▶ 대부분 this는 어렵지 않게 사용하지만, these는 좀 헷갈려 하는 것 같아요. 정리 좀 해둘까요?

✓CHECK

✓ this: ❶이것 ❷ 이
✓ these: ❶ 이들(사람), 이것들
　　　❷ 이(것)들의

이 문제에서는 these를 ❶ '이것들'의 의미로 쓸 수 있는지 묻고 있어요.

유리▶ ❷를 '이것들의'라는 뜻으로는 쉽게 쓸 수 있어요. these books(이 책들), these cars(이 차들)처럼요.

와이 쌤▶ 그래요. 대부분 these를 ❷ '이(것)들의'라는 뜻으로 많이 사용하는데요. ❶ '이들(사람)', '이것들'의 의미도 있다는 것을 제대로 알아뒀으면 좋겠어요.

2

(1) 정답 I am here!
(2) 정답 My mother is in Paris now
(3) 정답 Your bag is under that tree.
(4) 정답 Your shoes are in that box.

와이 쌤▶ 여기는 한꺼번에 설명할게요. 위의 문장 모두 이미 화제가 되고 있는 것에 대해 말하기 때문에 there는 사용하지 않고 표현해야 해요.

유리▶ 네. 그건 알고 있었어요. 틀린 건 문제 (4)예요.

와이 쌤▶ shoes의 뒤에 있는 be동사를 is로 써버렸군요?

유리▶ 어떻게 알았어요? (3)의 가방이 is라면 신발도 is라고 생각했어요. shoes가 복수라는 걸 미처 생각 못한 거죠.

와이 쌤▶ 그랬군요. 그 외에도 문제 (1)의 here

1
2
3
4
5
6
7

STEP 3

도 잘 생각해야 해요. here는 '여기'가 아니라 '여기에'라는 뜻이에요. '에'라는 의미가 들어가 있기 때문에 in이나 at과 같은 전치사가 필요 없거든요.

유리 in here라고 하거나 at here라고는 하지 않는군요.

와이 쌤 그래요.

3

(1) **정답** There is a cat on your car.

와이 쌤 차는 셀 수 있는 명사이기 때문에 a와 함께 쓰거나 -s를 붙여 써야 해요.

유리 하지만 your가 있으니까 a를 붙이지 않는다는 거죠?

와이 쌤 네. 이건 첫째 날 배웠듯이 the나 my, your, his, this, that 같은 것을 명사 앞에 쓰면 a를 붙이지 않지요.

(2) **정답** There are three flies on the ceiling.

와이 쌤 '천장에'의 '에'에도 전치사 on을 쓰죠. 파리는 천장에 붙어 있으니까요.

유리 뭔가 위에 있지 않은 경우에도 on을 사용한다는 게 아직 좀 익숙하지 않아요.

와이 쌤 많은 예시를 접하다 보면 익숙해질 거예요.

(3) **정답** In my childhood, there was a big rock in this park.

와이 쌤 여기 was는 잘 썼어요?

유리 과거의 일이니까 is가 아니라 was를 사용하는 거죠. 이건 잘 썼어요.

(4) **정답** Ten years ago, there were five movie theaters in this town.

유리 이 문제는 there 뒤에 오는 be동사를

was로 해 버려서 틀렸어요.

와이 쌤 theaters는 복수형이니까 are나 were만 쓸 수 있어요. 그리고 이 문장은 과거의 일을 말하는 거니까 were를 써야 겠죠?

유리 네. 다음번에는 틀리지 않을 거예요.

4

(1) **정답** I (am) (watching) TV now.

와이 쌤 진행형 문장에서도 be동사를 바르게 사용해야 합니다.

유리 여기는 주어가 I니까 am인 거죠.

(2) **정답** Many boys (were) (listening) to her song.

와이 쌤 이 문장은 과거 이야기이고, 주어가 복수형이니까 be동사는?

유리 were를 써야죠!

(3) **정답** My sons (are) (washing) their shoes in the bathroom.

와이 쌤 주어가 복수형이니까 be동사는 are나 were 중 하나겠지요. 여기는 현재 이야기니까 are가 되겠죠.

(4) **정답** My mother (is) (making) stew in the kitchen.

와이 쌤 is를 쓰는 건 문제없었을 테고, make의 ing형은 틀리지 않았어요?

유리 makeing이라고 써버렸어요.

와이 쌤 make의 e는 빼고 ing을 붙여야 해요. ing형은 그 밖에도 stop, stopping처럼 마지막 알파벳을 한 번 더 써주고 ing를 붙이는 것도 있으니 주의해야 해요.

유리 네. cut의 ing형인 cutting도 그런 식이네요.

(5) 정답 Tom (may) (be) (sleeping) now.

와이 쌤 이건 어려웠죠?

유리 진행형 문장에 조동사를 쓰는 게 좀 어려워서 빈칸을 하나 채우지 못했어요.

와이 쌤 이 문장에서는 '~일지도 모른다'는 의미를 표현해야 하니까 may가 필요해요. 조동사는 be동사 앞에 써야 하고 be동사는 원형 be를 써야겠죠? is나 was도 아니고 be를 써야 한다는 점에 주의해 주세요. 다른 예를 좀 더 들어볼게요.

> ✔CHECK
>
> ✓ Jack would be sleeping now.
>   (잭은 지금 자고 있을 것이다.)
> ✓ My son must be staying a hotel now.)
>   (아들은 지금 호텔에 머물고 있음에 틀림없다.)

유리 조동사 would는 '~일 것이다', must는 '~임에 틀림없다'라는 뜻이죠?

와이 쌤 네, 맞아요. 조동사는 넷째 날 공부했죠.

5

(1) 정답 This picture (was) (painted) by Picasso.

와이 쌤 여기서도 우선 be동사를 제대로 써야겠죠?

유리 네. 이 문장은 과거 얘기이고 주어가 단수이기 때문에 was이죠. paint의 과거분사형 painted는 알고 있었어요.

와이 쌤 단순하게 ‑ed를 붙이기만 하면 되는 과거분사형은 편하지요.

(2) 정답 His bag (is) (always) (carried) by his secretary.

유리 이건 always를 쓰는 위치가 좀 헷갈렸어요. 수동태 문장에 always를 써본 적이 지

금까지 한 번도 없어서요.

와이 쌤 빈도를 나타내는 부사는 be동사 뒤에 쓰는 거잖아요. 넷째 날 배웠죠? 이건 수동태의 경우에도 마찬가지예요. 그러니까 여기서는 is 뒤에 always를 넣어야 해요.

유리 이론상으로는 알고 있었죠. 그런데 실제로 be동사와 과거분사 사이에 부사가 들어가 있는 걸 보면 좀 어색한 느낌이 들거든요. 이것도 많이 반복하다 보면 익숙해질까요?

와이 쌤 그럼요. 근데 carry의 과거분사형 carried는 틀리지 않았어요?

유리 carryed라고 해 버렸거든요. y를 i로 바꾸는 걸 잊었고요.

와이 쌤 그 외에도 예를 들어 try의 과거분사형은 tried이고 study의 과거분사형은 studied라는 것도 알아두세요. 이 패턴의 과거형도 조금씩 익숙해져야겠죠!

(3) 정답 This tool (was) (invented) by a famous scientist.

와이 쌤 주어가 단수이고, 과거의 얘기니까 be동사는 was를 써야겠죠.

유리 네. 그건 알고 있었어요. 그런데 invent라는 동사를 못 썼어요.

와이 쌤 새로 알게 된 단어가 있는 문장은 '외우자!'는 강한 마음을 가지고 정답 문장을 몇 번 읽거나 종이에 적어 보는 게 좋아요. 아무튼 꾸준히 적극적으로 반복할 수밖에 달리 방법이 없거든요.

유리 정말 그런 것 같아요.

(4) 정답 I (am) (often) (scolded) by my mother.

유리 이 문장은 문제 (2)처럼 be동사와 과거분사 사이에 빈도 부사가 있네요!

와이 쌤 그렇죠. 같은 구조로 된 문장을 보면 기분이 좋죠? '이거 본 적 있어!'라는 느낌이

① ② ③ ④ 5 ⑥ ⑦

들어서 기억에도 남을 거예요. 문제 (2) 문장과 문제 (4) 문장을 연속해서 소리 내서 읽어봐요. 그럼 더 기억에 남거든요.

수동태·진행형

b e동사의 네 가지 역할

6

(1) 정답 This watch was repaired by Tom.

와이 쌤 수동태 문장 만드는 방법을 확인해 볼까요? 이걸 보세요.

> ☑ CHECK
> ✓ Tom repaired this watch.
> ⊕ This watch was repaired by Tom.

유리 네. 이렇게 비교해서 보니까 바뀐 형태가 눈에 잘 들어오네요.

와이 쌤 is가 아니라 was를 써야 하는 건 맞았어요?

유리 네. 평서문의 동사가 repaired이기 때문에 과거의 얘기라는 걸 알았거든요.

와이 쌤 평서문이 과거인 경우 수동태 문장에서는 be동사 was나 were를 써야 하는 점에 주의하세요.

(2) 정답 In the 19th century, Mexico was invaded by America.

와이 쌤 이 문장도 원래의 능동태 문장과 비교해볼게요.

> ☑ CHECK
> ✓ In the 19th century, America invaded Mexico.
> ⊕ In the 19th century, Mexico was invaded by America.

유리 문제 (1)과 같은 패턴이에요. 여기서는 invade의 과거분사에 좀 주의하면 되죠.

유리 invade가 e로 끝나는 단어이기 때문에 d만 붙였군요.

와이 쌤 맞아요.

(3) 정답 I am always supported by Bob.

와이 쌤 수동태 문장으로 바뀌는 과정을 볼까요.

> ☑ CHECK
> ✓ Bob always supports me.
> ⊕ I am always supported by Bob.

와이 쌤 be동사와 과거분사 사이에 빈도를 나타내는 부사가 있는 문장이네요. 맞았어요?

유리 네. 좀 시간이 걸리긴 했지만, 'be동사+빈도를 나타내는 부사+과거분사'라는 흐름은 이제 알겠어요.

와이 쌤 좋아요!

(4) 정답 Mary was sent a ring by Tom.

와이 쌤 이 문제는 좀 어렵지 않았어요?

유리 어려웠어요. 그래서 틀렸어요.

와이 쌤 어려운 데는 이유가 있어요. 과정을 보면 알 수 있거든요.

> ☑ CHECK
> ✓ Tom sent Mary a ring.
> ⊕ Mary was sent a ring by Tom.

와이 쌤 능동태 문장의 '주어+동사+명사' 뒤에 또 하나의 명사가 있죠.

유리 밑줄 친 부분의 a ring 말이죠. 하나가 더 있으니까 그만큼 헷갈리네요.

와이 쌤 작업이 늘어나니까요. 침착하게 과거분사 뒤에 '또 하나의 명사'인 a ring을 쓰는 거예요.

유리 그러고 보니까 별거 아닌 것 같기도 하네요.

와이 쌤 그래요. 이 그림을 머릿속에 넣고 반복 연습을 하면 분명히 잘할 수 있게 될 거예요.

(5) 정답 He is considered a hero by everybody.

와이 쌤 이것도 어려웠죠?

유리 문제 (4)도 틀리고 이 문제도 틀렸어요. 수동태로 바꾸는 과정을 보여주세요.

와이 쌤 OK!

☑CHECK

✓ Everybody considers him a hero.
↻ He is considered a hero by everybody.

유리 a hero를 considered 뒤에 쓰는군요.

와이 쌤 그래요.

7

(1) 정답 나는 한 소녀로부터 편지를 받았다.

와이 쌤 우선 다시 문장을 살펴볼게요.

I was handed a letter by a girl.

유리 a letter에 어떤 말을 붙여서 해석하느냐가 문제인 거죠?

와이 쌤 그래요. 이 위치에 들어갈 것은 '를', '라고', '에게' 중 가장 알맞은 말을 곁들여서 해석하는 거예요. 어느 것이 맞을까요?

유리 여기는 '를'인 것 같아요. '편지를 건네받았다.' 처럼요.

와이 쌤 맞아요.

(2) 정답 그의 방은 항상 그의 아내에 의해 깨끗하게 되어 있었다.

유리 이 문제는 못 맞혔어요.

와이 쌤 이것도 일단 문장을 먼저 살펴볼게요.

His room was always kept clean by his wife.

와이 쌤 clean에 붙이는 말은 '에게', '를', '라고' 중 어느 것일까요?

유리 음….

와이 쌤 헷갈릴 때는 수동태 문장을 능동태 문장으로 바꿔보는 게 좋아요. 이렇게 되는 거죠.

His wife always kept his room clean.

와이 쌤 이 문장을 해석해 보세요.

유리 그의 아내는 항상 그의 방을 깨끗하게 해 두었다.

와이 쌤 잘하네요! '깨끗하게'로 해석이 되죠. 수동태 문장에서도 그대로 해석하면 되거든요.

유리 그렇군요!

와이 쌤 이런 방법으로 해석하면 도움되므로 정리해 두기로 하지요.

❗ 수동태 문장을 해석하기 어려운 경우에 유효한 기술

수동태 문장을 이해하기 어려울 때는 수동태가 되기 전의 능동태 문장으로 바꿔본다.

(3) 정답 그 고양이는 소녀에 의해 타마라고 이름 지어졌다.

와이 쌤 이것도 일단 문장을 살펴볼게요.

The cat was named Tama by the girl.

와이 쌤 Tama 부분은 어떻게 해석했어요?

유리 이건 '타마라고'로 해석했는데요. 동사가 name이나 call 같은 경우는 과거분사 뒷부분을 어렵지 않게 '라고'로 해석할 수 있어요.

와이 쌤 name이나 call 같은 동사가 사용된 수동태 문장은 흔히 볼 수 있으니까요. 이미 익숙해져 있는 사람이 많아요. 유리 씨도 그렇군요.

(4) 정답 나는 그 남자로부터 10달러를 지불받았다.

와이 쌤 이것도 일단 문장을 살펴볼게요.

I was paid ten dollars by the man.

와이 쌤 ten dollars를 '10달러를'이라고 해석했어요?

유리 이것도 별 문제없었어요.

와이 쌤 이 문장도 능동태 문장으로 바꿔볼게

1
2
3
4
5
6
7

111

요. 이렇게 되겠지요?

The man paid me <u>ten dollars</u>.

(그 남자는 나에게 10달러를 지불했다.)

유리 역시 '를'로 해석되네요.

와이 쌤 능동태 문장으로 바꿔보면 확실히 알 수 있죠! 그럼 오늘은 이것으로 마치겠습니다.

수동태 · 진행형

be동사의 네 가지 역할

6

여섯째 날

현재완료형

현재와 관련이 있는 과거

과거

현재

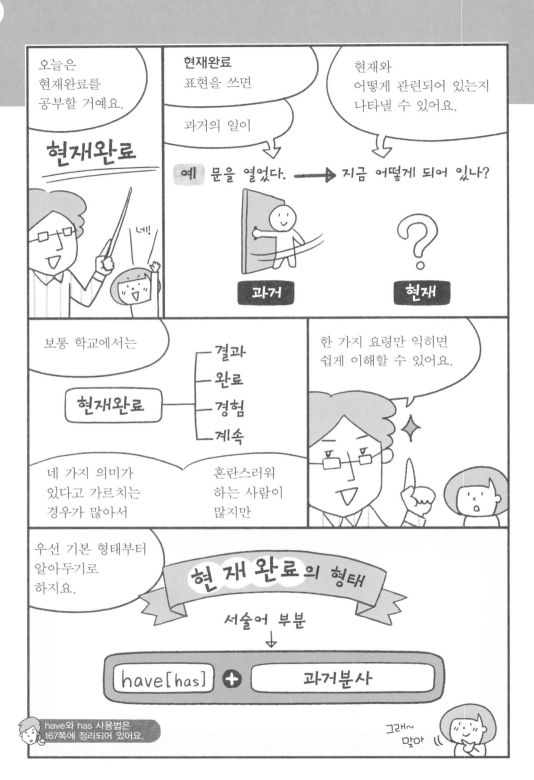

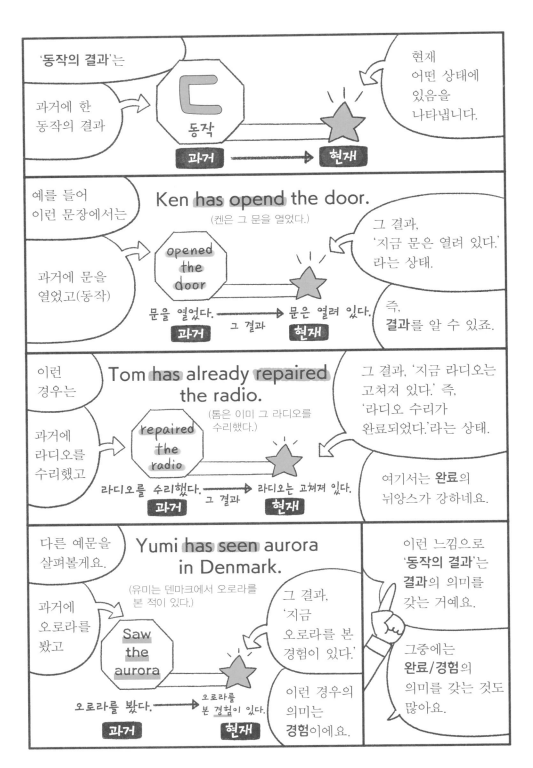

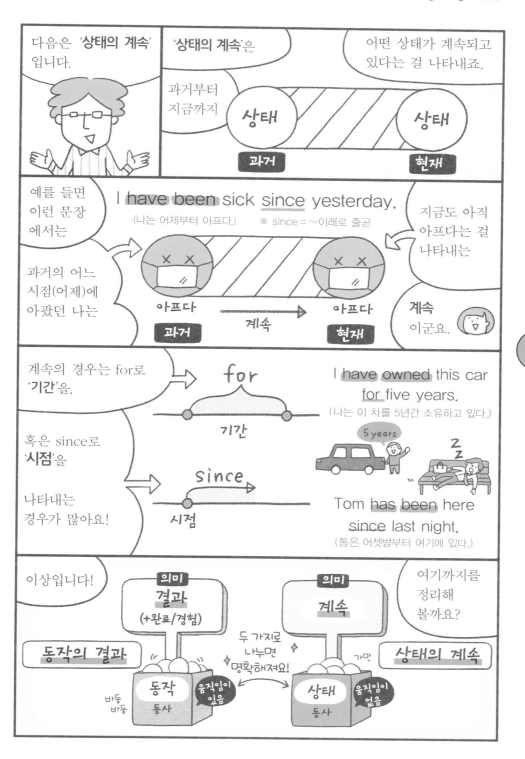

STEP 1

요점을 확인해 보세요!

현재완료는 과거에 일어난 일이 현재까지 영향을 미치는 상태를 나타냅니다. 과거의 일을 현재 상태와 연관시켜서 살펴볼 수 있는 표현이죠. 우리말에는 딱 일치하는 표현이 없는 문법인데다가 '결과', '완료', '경험', '계속' 등 여러 가지 의미가 존재하기 때문에 어려워하는 사람들이 많습니다.

현재완료형

현재와 관련이 있는 과거

우선은 기본 형태를 알아둔다

1 현재완료는 서술어 부분을 'have[has] + 과거분사' 형태로 쓴다.

▼ 규칙을 확인!

주어 + have[has] + 과거분사 ··· .

서술어의 부분

have와 has를 어떻게 구분해서 사용하지?

have는 '~을 가지고 있다'라는 뜻의 일반 동사이다. 주어가 3인칭 단수일 때 일반 동사 현재형에 s를 붙일 때와 같은 기준으로 구분해서 사용하면 된다. 예를 들어, 주어가 he일 경우에는 have가 아니라 has가 된다.

원 포인트!!

> 나와 우리는 1인칭, 너와 너희들은 2인칭, 이것을 제외한 모든 사람 사물 등은 3인칭입니다. 그러니까 주어가 I, we, you나 복수형일 경우에는 have, 그 이외의 것에는 has를 사용하지요.

현재완료 용법을 마스터한다

2 현재완료 문장은 [동작의 결과]와 [상태의 계속]으로 나눌 수 있다.

▼ 예문으로 확인!

동작의 결과

(예) He has left.

(그는 여기를 떠났다.)

여기를 떠났다. ———→ 여기에 있지 않다.
과거   그 결과   현재

'동작의 결과'는 '과거에 동작한 결과, 지금 어떠한 상태에 있다'는 것을 나타낸다. 예문에서는 과거 어느 시점에 그가 떠났다고 하는 동작을 했고, 그 결과, 지금 그는 여기에 없다고 하는 상태에 있다.

GOAL

▼ 예문으로 확인!

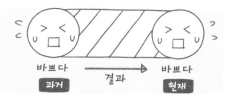

상태의 계속

예 I have been busy since last week.
(나는 지난주부터 계속 바쁘다.)

바쁘다 — 결과 → 바쁘다
과거   현재

'상태의 계속'은 '과거부터 지금까지 어떤 상태가 계속되고 있다'는 것을 나타낸다. 예문에 서는 과거의 어느 시점(지난주)에 바빴던 나는 지금도 바쁜 상태가 계속되고 있다.

원 포인트 !!

> have(has) 뒤에 있는 동사가, '동작'을 나타내는 것(=움직임이 있는 동사)일 경우는 '동작의 결 과'를 나타내요. 반면 have(has) 뒤에 있는 동사가 '상태'를 나타내는 것(=움직임이 없는 동사) 일 경우는 '상태의 계속'을 나타냅니다.

3   현재완료 문장은 '완료'나 '경험'의 의미를 갖는 것이 많다.

▼ 예문으로 확인!

❶ I have just cleaned my room.
(나는 방금 내 방을 청소했다.)

동작의 결과 ⊕완료

cleaned my room

'현재 방 청소가 완료됐다.'는 뉘앙스가 있다.

방을 청소했다. —→ 방 청소는 끝났다.
과거   그 결과   현재 ‖
완료했다.

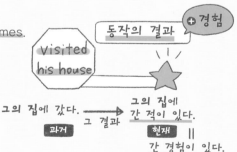

❷ We have visited his house three times.
(우리는 그의 집에 세 번 가봤다.)

동작의 결과 ⊕경험

visited his house

'현재 세 차례 방문한 경험이 있다.'는 뉘앙스가 있다.

그의 집에 갔다. —→ 그의 집에 간 적이 있다.
과거   그 결과   현재 ‖
간 경험이 있다.

원 포인트 !!

> already(이미)나 just(막, 방금) 등이 문장 속에 있으면 '완료'의 뉘앙스가 느껴지는 경우가 많 아요. 횟수를 나타내는 표현이 문장 속에 있으면 '경험'의 뉘앙스가 느껴지는 경우가 많고요.

1
2
3
4
5

6

7

연습문제를 풀어보세요!

현재완료형

현재와 관련이 있는 과거

1 다음 문장을 현재완료형으로 바꾸세요.

(1) I close the gate.

_____

(2) Jack and Lisa use this machine.

_____

(3) Tom cleans this room.

_____

(4) Jack is sick.

_____

(5) We are sad.

_____

2 다음 문장을 우리말로 해석하세요. 그리고 현재완료가 어떤 의미로 사용되었는지 ☐ 안에 '결과' 또는 '계속'을 쓰세요.

(1) My husband has returned to Korea.

☐

_____

(2) My father has owned a small ship for ten years.

[ ]

(3) He has gone.

[ ]

(4) That gate has been open since last night.

[ ]

(5) I have been happy since I came to this town.

[ ]

3 다음 우리말과 같은 뜻이 되도록 빈칸에 적절한 단어를 넣어 문장을 완성하세요.

(1) 나는 이미 그 편지를 보냈다.

I have [ ] sent the letter.

(2) 그는 방금 우체국에 다녀왔다.

He has [ ] been to the post office.

(3) 아들은 눈을 본 적이 없다.

My son has [ ] seen snow.

(4) 우리는 당신의 어머니를 한 번 만난 적이 있다.

We have met your mother [ ].

① ② ③ ④ ⑤ **6** ⑦

(5) 저는 이 영화를 3번 보고 있습니다.

I have seen this movie [   ] [   ] .

(6) 나는 내가 아이였을 때부터 줄곧 이 곡을 좋아했다.

I have liked this song [   ] I was a child.

(7) 아들은 20년째 의사를 하고 있다.

My son has been a doctor [   ] twenty years.

(8) 이 개는 작년부터 외톨이다.

This dog has been alone [   ] last year.

4 다음 우리말을 현재완료형을 이용하여 영어로 쓰세요.

(1) 아들이 이 의자를 망가뜨렸다.

_____

(2) 나는 이 이야기를 4번 읽은 적이 있다.

_____

(3) 나는 이미 은퇴했다.

_____

(4) 남편은 한 번도 와인을 마신 적이 없다.

_____

(5) 메리는 어젯밤부터 계속 화가 나 있다.

---

(6) 우리는 메그를 10년간 알고 있다.

---

(7) 우리는 메그를 그녀가 어릴 때부터 알고 있었다.

1

2

3

4

5

6

7

정답을 맞춰보세요!

1 (1) I have closed the gate. (2) Jack and Lisa have used this machine. (3) Tom has cleaned this room.
(4) Jack has been sick. (5) We have been sad.

2 (1) 나의 남편은 한국으로 돌아왔다. (결과) (2) 아버지는 10년간 작은 배를 소유하고 있다. (계속) (3) 그는 가버렸다. (결과) (4) 저 문은 어젯밤부터 계속 열려 있다. (결과) (5) 나는 이 마을에 오고 나서 쭉 행복하다. (계속)

3 (1) I have (already) sent the letter. (2) He has (just) been to the post office. (3) My son has (never) seen snow.
(4) We have met your mother (once). (5) I have seen this movie (three) (times). (6) I have liked this song (since) I was a child.
(7) My son has been a doctor (for) twenty years.
(8) This dog has been alone (since) last year.

4 (1) My son has broken this chair. 또는 My sons have broken this chair. (2) I have read this story four times.
(3) I have already retired.
(4) My husband has never drunk wine.
(5) Mary has been angry since last night.
(6) We have known Meg for ten years.
(7) We have known Meg since she was a child.

1

(1) 정답 I have closed the gate.

(2) 정답 Jack and Lisa have used this machine.

와이 쌤 이 두 문제는 한꺼번에 살펴보기로 해요. 현재완료 문장을 만들 때는 먼저 have와 has 중 어느 쪽을 사용할 것인지 정확하게 살펴봐야 합니다.

유리 이 두 문장 모두 have네요.

와이 쌤 그래요. 주어가 I, we(1인칭), you(2인칭), 복수인 경우에는 have를 사용하죠.

유리 (1)은 I가 주어네요. (2)는 Jack과 Lisa, 이렇게 2명이 주어이기 때문에 이건 '복수'고요.

와이 쌤 그렇죠. 그리고 현재완료 문장을 만들 때 주의해야 할 게 또 하나 있어요. 바로 동사를 과거분사형으로 써야 한다는 거예요.

유리 과거분사는 다섯째 날 배웠어요.

와이 쌤 수동태 문장을 만들 때도 쓰는 형태죠.

(3) 정답 Tom has cleaned this room.

유리 이번에는 has를 써야겠네요.

와이 쌤 그래요. Tom은 I, we(1인칭)도 아니고, you(2인칭)나 복수도 아니니까요. 이런 경우에는 has를 쓰고 clean을 과거분사 cleaned로 바꿔줘야 하는 거죠.

(4) 정답 Jack has been sick.

(5) 정답 We have been sad.

와이 쌤 이 두 문장은 한꺼번에 보기로 하죠.

유리 (4)에는 has를 쓰고, (5)에는 have를 써야 맞죠?

와이 쌤 그래요. 그리고 동사는 과거분사로 바꿔주면 되죠. be동사의 과거분사 been은 알고 있었어요?

유리 아니요, 몰랐어요.

와이 쌤 자주 쓰는 표현이니까 알아두세요.

유리 네.

2

(1) 정답 나의 남편은 한국으로 돌아왔다. (결과)

와이 쌤 return은 '돌아오다'라는 뜻이에요.

유리 동작 동사군요.

와이 쌤 네. 그러니까 '결과'를 의미하는 거죠. 돌아온 결과, 지금 어떤 상태인가요?

유리 남편은 지금 한국에 있다고 하는 상태죠.

와이 쌤 맞아요. 여기서 다음 문장을 봐 주세요.

My husband returned to Korea.
(나의 남편은 한국으로 돌아왔다.)

유리 서술어 부분 말이에요, 현재완료형이 아니고 과거형이네요.

와이 쌤 맞아요. 현재완료형으로 쓰든, 과거형으로 쓰든 우리말 해석은 똑같지만, 문장이 가진 의미는 달라요. 현재완료형은 현재의 상태도 얘기하지만 과거형은 과거의 일밖에 얘기하지 않거든요.

유리 그렇군요.

와이 쌤 그러니까 과거형 문장에서는 지금 어떤 상태인지 알 수가 없죠.

유리 남편이 반드시 한국에 있는 건 아니라는 건가요?

와이 쌤 그렇죠. 다시 출국했을지도 모르거든요. 하지만 (1)의 문장은 지금 상태도 알 수 있어요. 그러니까 현재완료형은 '과거의 동작+현재의 상태' 둘 다 언급하고 있다고 보면 돼요.

(2) 정답 아버지는 10년간 작은 배를 소유하고 있다. (계속)

와이 쌤 own은 '소유하고 있다'는 뜻인데요, 이 동사에 움직임이 있나요?

1
2
3
4
5
6
7

STEP 3

😀 유리 ▶ 없어요. 그렇다면 이 문장은 '계속'을 의미하는군요.

😊 와이 쌤 ▶ 그렇죠. 문장 속에 for ~라는 표현이 있는 것만 봐도 '계속'이라는 의미인 것을 알 수 있죠. 이 for는 '기간'을 나타내니까요.

(3) 정답 그는 가버렸다. (결과)

😊 와이 쌤 ▶ gone은 go(가다)의 과거분사예요.

😀 유리 ▶ '가다'는 '동작'이네요.

😊 와이 쌤 ▶ 그럼 그 '동작'의 결과로 지금은 어떤 상태일까요?

😀 유리 ▶ '그는 이미 없다.'라고 하는 상태요.

😊 와이 쌤 ▶ 그렇죠. 현재완료형 문장이니까 지금 상황까지 알 수 있다는 말이죠.

😀 유리 ▶ 그런데 이 문장 말이에요. 간단하게 '그는 갔다.'라고 해석해도 되나요?

😊 와이 쌤 ▶ 상관없어요. 하지만 '가버렸다'고 하는 편이 '지금은 여기에 없다.'는 느낌이 들죠.

😀 유리 ▶ 확실히 그렇네요.

(4) 정답 저 문은 어젯밤부터 계속 열려 있다. (계속)

😀 유리 ▶ been은 be동사의 과거분사형이죠.

😊 와이 쌤 ▶ 아까 나왔죠! That gate is open.이라는 문장은 '저 문은 열려 있다.'는 뜻이라는 거요. 이 is는 '~이다'라는 의미이니까, '상태'의 동사죠.

😀 유리 ▶ 그렇다면 이 문장은 '계속'을 의미하겠네요.

😊 와이 쌤 ▶ 맞아요. since ~가 있는 것을 봐도 알수 있죠. since는 기점을 나타내는 표현이니까요. 언제부터인지를 말해주죠.

(5) 정답 나는 이 마을에 오고 나서 쭉 행복하다. (계속)

😀 유리 ▶ 이것도 마찬가지로 '계속'이죠. 여기서

도 since를 썼으니까요.

😊 와이 쌤 ▶ 하지만 since 뒤에 쓰여 있는 게 (4)나 (5)와는 달라요. 자, 그럼 문장을 비교해 볼게요. since 뒤에 그은 선 부분을 보세요.

(4) That gate has been open since <u>last night</u>.
(5) I have been happy since <u>I came to this town</u>.

😊 와이 쌤 ▶ 유리 씨, 두 문장은 뭐가 다를까요?

😀 유리 ▶ (5)에서는 since의 뒤가 문장이네요.

😊 와이 쌤 ▶ 그렇죠! '~이래로 줄곧'이라는 뜻의 since는 뒤에 명사도 올 수 있고, 문장도 올 수 있어요. 반면 '~동안'이라는 의미의 for는 명사만 올 수 있죠. 이건 중요한 차이니까 정리해 놓을게요.

✔CHECK

✓ since(~이래로 줄곧, ~부터) : 뒤에는 명사 또는 문장이 올 수 있다.
✓ for(~동안) : 뒤에는 명사만 올 수 있다.

3

(1) 정답 I have (already) sent the letter.

😊 와이 쌤 ▶ ③에서는 현재완료 문장에서 자주 사용되는 어구를 잘 알아야 해요.

😀 유리 ▶ 네.

😊 와이 쌤 ▶ '벌써'를 의미하는 already를 알고 있었어요?

😀 유리 ▶ 들으니까 생각나네요. 문제 풀 땐 생각나지 않았거든요.

(2) 정답 He has (just) been to the post office.

😊 와이 쌤 ▶ '막', '방금'을 의미하는 just는요?

유리▶ 그건 알고 있었죠! 그런데 그것과는 별개로 묻고 싶은 게 있어요.

와이 쌤▶ been이죠?

유리▶ 네. be동사에 '가다'라는 의미가 있나요?

와이 쌤▶ 네, 있어요. '가다'뿐만 아니라 '오다'라는 의미도 있죠. '오다'의 예를 들어볼게요.

I will be back in ten minutes.
(10분 후에 돌아올게.)

와이 쌤▶ be동사에는 '가다'와 '오다'라는 의미도 있다는 걸 반드시 외워두세요.

유리▶ 네. be동사에는 참 여러 가지 의미가 있군요.

와이 쌤▶ be동사는 '작은 슈퍼맨' 같은 것이니까요.

(3) 정답 My son has (never) seen snow.

와이 쌤▶ '한 번도 없음'을 뜻하는 never는 어땠어요?

유리▶ 이것도 알고 있었어요.

와이 쌤▶ 이 문장에는 '경험'의 뉘앙스가 있죠. 단지 never니까 '미경험'의 의미가 되는 거예요.

(4) 정답 We have met your mother (once).

와이 쌤▶ '한 번'의 의미를 갖는 once는요?

유리▶ 이건 넷째 날에 배웠잖아요!

와이 쌤▶ 잘 기억하고 있네요. 이 문장에도 경험의 뉘앙스가 있죠.

(5) 정답 I have seen this movie (three) (times).

와이 쌤▶ '횟수'를 나타내는 ~times는요?

유리▶ 이것도 넷째 날에 once와 함께 마스터했어요.

와이 쌤▶ 좋습니다!

(6) 정답 I have liked this song (since) I was a child.

유리▶ '이래로'는 since잖아요.

와이 쌤▶ 그렇죠. 이 문장에서는 since 뒤에 명사가 올까요, 아니면 문장이 올까요?

유리▶ 문장이죠.

와이 쌤▶ OK. since 뒤에는 명사와 문장 모두 올 수 있어요.

유리▶ 네.

(7) 정답 My son has been a doctor (for) twenty years.

유리▶ '~동안'을 나타내는 뜻은 for죠.

와이 쌤▶ 그 뒤에는 반드시 명사가 와야 해요. 이 문장 역시 뒤에 twenty years라는 명사가 왔죠.

(8) 정답 This dog has been alone (since) last year.

유리▶ '작년부터'의 '부터'는 '이래로'와 같은 의미잖아요. 그러니까 답은 since죠.

와이 쌤▶ 이제 척척 잘하네요. 이 문장에서는 since 뒤에 명사가 왔군요.

4

(1) 정답 My son has broken this chair. 또는 My sons have broken this chair.

와이 쌤▶ 단지 '부쉈다'가 아니라 '부숴버렸다'는 거니까 지금도 부서져 있다는 걸 느낄 수 있죠. 현재완료형을 이용해서 영어로 옮겨야겠지요.

유리▶ 답이 두 개네요.

와이 쌤▶ 답이 두 개인 이유를 설명해 보세요.

유리▶ 네. 아들이 혼자서 부순 경우는 My son has broken this chair.죠. 혼자가 아니라, 예를 들어 '아들이 둘 있는데, 한 의자에서 놀다가 망가뜨렸다.'고 하는 경우에는 My sons have

① ② ③ ④ ⑤ ⑥ ⑦

STEP 3

broken this chair.입니다.

🐑와이쌤▶ 설명도 잘하는군요.

😊유리▶ 우리말로 그냥 '아들'이라고 하면 한 명인지 두 명 이상인지 모른다는 거죠?

🐑와이쌤▶ 그렇죠. 그러니까 여기서도 답이 두 개가 될 수 있어요.

😊유리▶ 재미있네요.

🐑와이쌤▶ 그래요. 공부를 하다 보면 이런 걸 생각하는 것 자체가 점점 재미있어져요.

😊유리▶ 저도 그렇게 재미를 느끼며 공부했으면 좋겠어요!

(2) 정답 I have read this story four times.

🐑와이쌤▶ '이 이야기'를 this story로 옮길 수 있다면, 다른 건 특별히 문제가 될 게 없죠?

😊유리▶ 네. this를 사용하면 a를 쓰지 않는 것도 알고 있었으니까요.

🐑와이쌤▶ story는 셀 수 있는 명사니까 '이야기 하나'는 a story인데, 여기에 this가 있으면 a가 필요 없게 되죠. 이것도 첫째 날 배운 내용이죠.

(3) 정답 I have already retired.

🐑와이쌤▶ '은퇴하다'라는 뜻의 retire가 생각났어요?

😊유리▶ 네. 바로 알았죠.

🐑와이쌤▶ 좋아요. 그리고 already를 안다면 별 문제는 없겠네요.

(4) 정답 My husband has never drunk wine.

🐑와이쌤▶ 와인은 셀 수 있는 명사일까요, 셀 수 없는 명사일까요?

😊유리▶ 셀 수 없는 명사죠. 그러니까 wine에는 아무것도 붙이지 않았잖아요. never도 괜찮았어요. 그런데….

🐑와이쌤▶ drink의 과거분사형 때문에 걸린 거죠?

😊유리▶ 네, 맞아요.

🐑와이쌤▶ drink의 과거형은 drank이고, 과거분사형은 drunk입니다.

😊유리▶ 과거분사형이 drunk였군요.

🐑와이쌤▶ 네. drink의 과거분사형은 drunk예요.

(5) 정답 Mary has been angry since last night.

🐑와이쌤▶ '화가 났다'를 표현하는 데 사용한 동사는 뭔가요?

😊유리▶ 사용한 동사는 be동사죠. 답이 즉시 생각나지 않아서 처음에는 Mary is angry.라고 했는데요, 아닌 것 같아서 Mary has been angry.라고 고쳤어요.

🐑와이쌤▶ 그거 좋은 방법이에요. 갑자기 현재완료형 문장을 만들기 어려울 때는 먼저 현재형 문장을 만들어보는 게 좋아요. 그런 다음에 현재완료형 문장으로 고치는 거죠. 이렇게 하면 효과적으로 해결할 수 있어요.

✓CHECK

✓ 현재완료형 문장을 만들기 어려운 경우에는 먼저 현재형 문장을 만든다.

😊유리▶ since last night도 잘 썼어요.

🐑와이쌤▶ 오! 대단해요!

(6) 정답 We have known Meg for ten years.

(7) 정답 We have known Meg since she was a child.

🐑와이쌤▶ 이 두 문장은 한꺼번에 보기로 하지요. 먼저 '알다'와 '알고 있다'는 다른 의미라는 것을 알아야 해요.

😊유리▶ 그 차이는 별로 생각해 본 적이 없는 것 같은데요.

🐑와이쌤▶ '안다'는 건 모르는 상태에서 아는 상태로 바뀌었다는 뜻이에요. 이건 동작인 거죠. 그러니까 '들어서 알다'를 뜻하는 learn이나 hear

등은 동작 동사예요.

🙂 유리▶ 그렇군요.

🧑‍🏫 와이 쌤▶ 그런데 know는 '알고 있다'로, 움직임
이 없어요.

🙂 유리▶ know는 상태를 나타내는 동사군요.

🧑‍🏫 와이 쌤▶ 맞아요. 그러니까 know가 사용된 현재
완료형 문장은 계속의 의미가 있어요. 유리 씨,
know의 과거분사형은 알고 있었어요?

🙂 유리▶ 네. know의 과거형은 knew, 과거분사
형은 known이잖아요.

🧑‍🏫 와이 쌤▶ 맞아요. 그 다음에는 for ten years와
since she was a child 부분을 쓰면 되는 거죠.

🙂 유리▶ since 뒤에 문장을 쓰는 게 좀 어려
워서 못했어요. since last night나 since yes-
terday와 같은 표현은 그다지 어렵지 않았어요.

🧑‍🏫 와이 쌤▶ 해답 영어 문장을 몇 번 소리 내서 읽
어보고 종이에 써보세요. 차츰 익숙해질 거예
요. 아무튼 반복이 중요해요. 계속해 보는 거죠.

🙂 유리▶ '연습은 완벽함을 만든다.'라는 서양속
담이 맞는 말이군요.

🧑‍🏫 와이 쌤▶ 맞아요. 'Practice makes perfect.'라
는 속담의 중요성을 생각해 본 후에 오늘의 수
업을 마치기로 하지요.

1

2

3

4

5

6

7

7

일곱째 날

의문문

상대로부터
정보를 끌어낸다

마지막 날은 **의문문**을 다뤄보겠습니다.

의문문

네!

지금까지는 자신이 정보를 전달하는 걸 배웠지만

오늘은 상대방으로부터 화제나 정보를 끌어내서 서로 의사소통하는 법을 배워보지요.

당신의 이름은?

쌍방향

제 이름은 ○○입니다.

의문문은 크게 두 가지로 나눌 수 있어요.

영어

의문문의 종류

당신은 고양이를 좋아하나요?

예

A yes인지, no인지 묻는 의문문

B 구체적인 정보를 묻는 의문문

예

음~

당신은 왜 고양이를 좋아하는 거죠?

문장을 만드는 법이 각각 다르니까

따로따로 생각해야 돼요.

이 그림을 바탕으로 마스터 해 보기로 하죠.

?

부스럭

부스럭

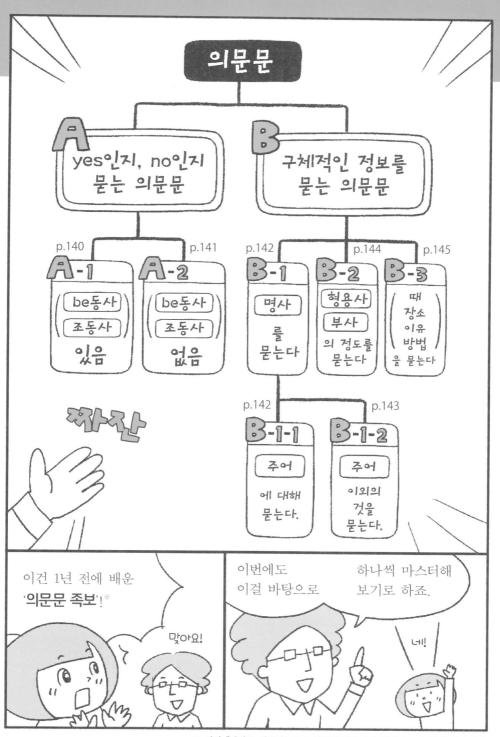

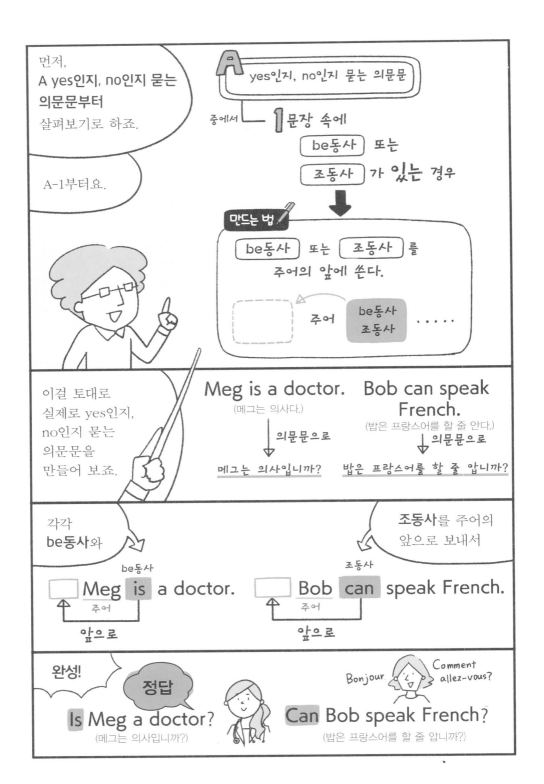

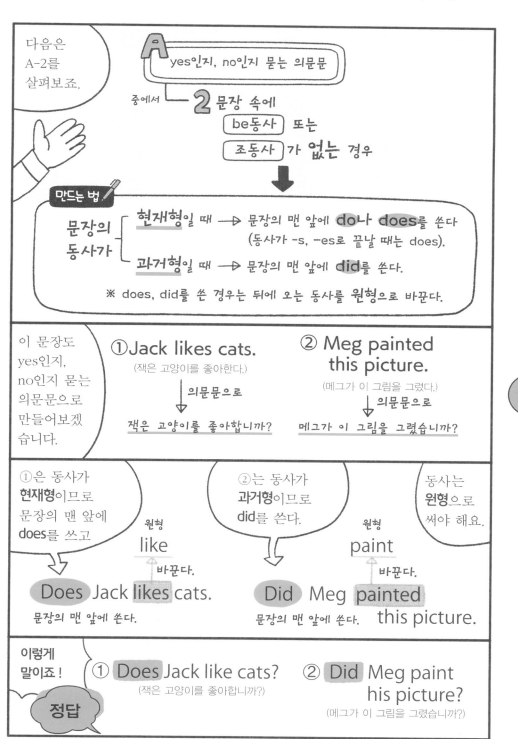

다음은 A-2를 살펴보죠.

A yes인지, no인지 묻는 의문문

중에서 **2** 문장 속에 be동사 또는 조동사 가 **없는** 경우

만드는 법

문장의 동사가
- **현재형**일 때 → 문장의 맨 앞에 **do나 does**를 쓴다 (동사가 -s, -es로 끝날 때는 does).
- **과거형**일 때 → 문장의 맨 앞에 **did**를 쓴다.

※ does, did를 쓴 경우는 뒤에 오는 동사를 원형으로 바꾼다.

이 문장도 yes인지, no인지 묻는 의문문으로 만들어보겠습니다.

① Jack likes cats.
(잭은 고양이를 좋아한다.)
↓ 의문문으로
잭은 고양이를 좋아합니까?

② Meg painted this picture.
(메그가 이 그림을 그렸다.)
↓ 의문문으로
메그가 이 그림을 그렸습니까?

①은 동사가 **현재형**이므로 문장의 맨 앞에 **does**를 쓰고

②는 동사가 **과거형**이므로 **did**를 쓴다.

동사는 **원형**으로 써야 해요.

원형
like
↑ 바꾼다.

원형
paint
↑ 바꾼다.

Does Jack ~~likes~~ cats.
문장의 맨 앞에 쓴다.

Did Meg ~~painted~~ this picture.
문장의 맨 앞에 쓴다.

이렇게 말이죠!

정답

① **Does** Jack like cats?
(잭은 고양이를 좋아합니까?)

② **Did** Meg paint his picture?
(메그가 이 그림을 그렸습니까?)

① ② ③ ④ ⑤ ⑥ **7**

135

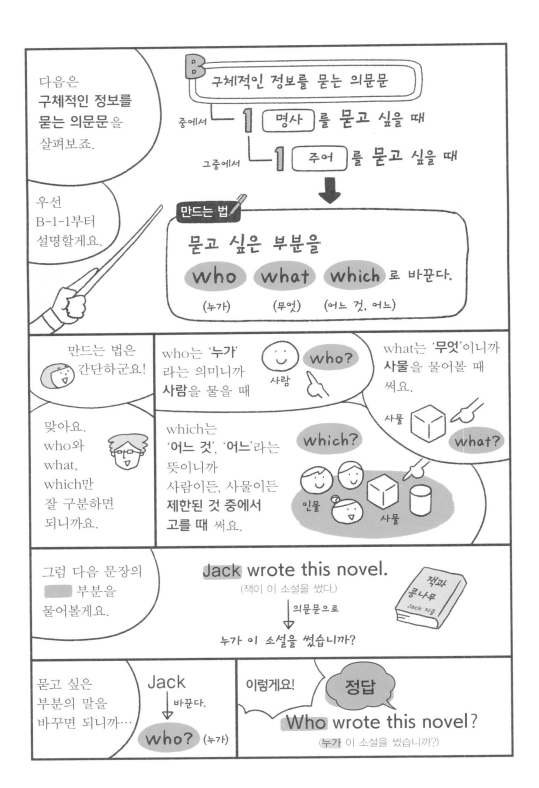

다음은 **구체적인 정보를 묻는 의문문**을 살펴보죠.

우선 B-1-1부터 설명할게요.

B 구체적인 정보를 묻는 의문문

중에서 ─ 1 명사 를 묻고 싶을 때

그중에서 ─ 1 주어 를 묻고 싶을 때

만드는 법

묻고 싶은 부분을

who **what** **which** 로 바꾼다.

(누가)   (무엇)   (어느 것, 어느)

만드는 법은 간단하군요!

who는 '**누가**'라는 의미니까 **사람**을 물을 때

사람   who?

what는 '**무엇**'이니까 **사물**을 물어볼 때 써요.

사물   what?

맞아요. who와 what, which만 잘 구분하면 되니까요.

which는 '**어느 것**', '**어느**'라는 뜻이니까 사람이든, 사물이든 **제한된 것 중에서 고를 때** 써요.

which?

인물   사물

그럼 다음 문장의 ▆ 부분을 물어볼게요.

Jack wrote this novel.

(잭이 이 소설을 썼다.)

↓ 의문문으로

누가 이 소설을 썼습니까?

묻고 싶은 부분의 말을 바꾸면 되니까…

Jack
↓ 바꾼다.
who? (누가)

이렇게요!

정답

Who wrote this novel?

(누가 이 소설을 썼습니까?)

의문문

상대로부터 정보를 끌어낸다

다음은
B-1-2를
살펴보죠.

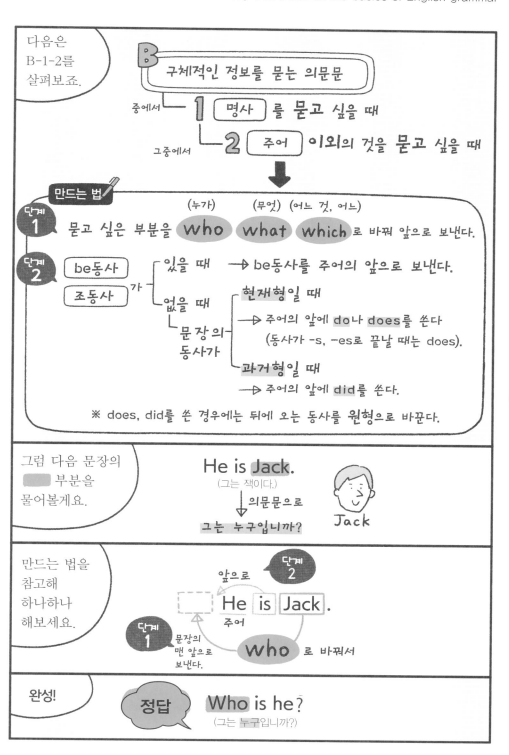

B 구체적인 정보를 묻는 의문문

중에서 ─ **1** [명사] 를 묻고 싶을 때

그중에서 ─ **2** [주어] 이외의 것을 묻고 싶을 때

만드는 법

단계 **1** 묻고 싶은 부분을 **who**(누가) **what**(무엇) **which**(어느 것, 어느) 로 바꿔 앞으로 보낸다.

단계 **2**
[be동사]
[조동사] 가
─ 있을 때 → be동사를 주어의 앞으로 보낸다.
─ 없을 때
  └ 문장의 동사가
    ─ 현재형일 때
      → 주어의 앞에 **do**나 **does**를 쓴다
      (동사가 -s, -es로 끝날 때는 does).
    ─ 과거형일 때
      → 주어의 앞에 **did**를 쓴다.

※ does, did를 쓴 경우에는 뒤에 오는 동사를 원형으로 바꾼다.

그럼 다음 문장의
▓ 부분을
물어볼게요.

He is **Jack**.
(그는 잭이다.)
↓ 의문문으로
그는 누구입니까?

Jack

만드는 법을
참고해
하나하나
해보세요.

단계 **2** 앞으로
[   ] He is Jack .
단계 **1** 주어
문장의
맨 앞으로
보낸다.
who 로 바꿔서

완성!

정답 Who is he?
(그는 누구입니까?)

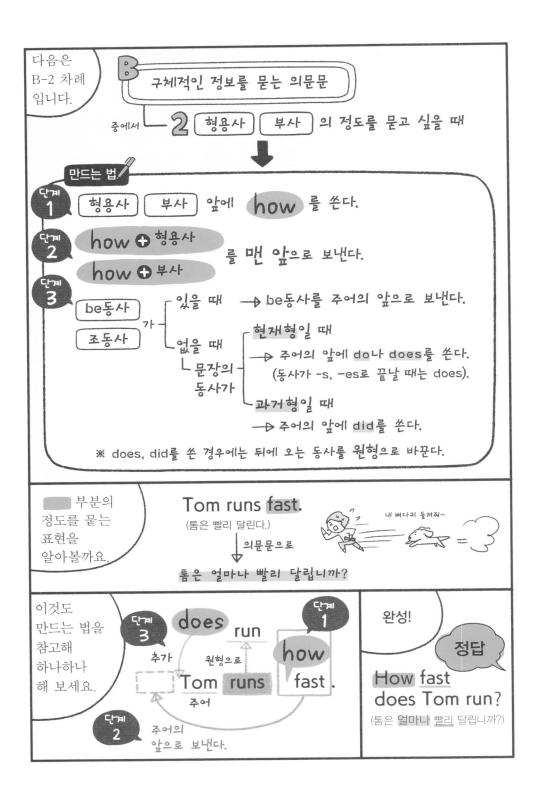

다음은 B-2 차례입니다.

B 구체적인 정보를 묻는 의문문

중에서 **2** 형용사 부사 의 정도를 묻고 싶을 때

만드는 법

단계 **1** 형용사 부사 앞에 **how** 를 쓴다.

단계 **2** **how ⊕ 형용사** / **how ⊕ 부사** 를 맨 앞으로 보낸다.

단계 **3** be동사 / 조동사 가 ─ 있을 때 → be동사를 주어의 앞으로 보낸다.

없을 때 ─ 문장의 동사가 ─ **현재형일 때** → 주어의 앞에 **do**나 **does**를 쓴다.
(동사가 -s, -es로 끝날 때는 does).

과거형일 때 → 주어의 앞에 **did**를 쓴다.

※ does, did를 쓴 경우에는 뒤에 오는 동사를 원형으로 바꾼다.

━━━

▨ 부분의 정도를 묻는 표현을 알아볼까요.

Tom runs fast.
(톰은 빨리 달린다.)

의문문으로 ↓

내 뼈다귀 돌려줘~

톰은 얼마나 빨리 달립니까?

━━━

이것도 만드는 법을 참고해 하나하나 해 보세요.

단계 **3** **does** run

추가 / 원형으로

단계 **1** **how** fast .

Tom **runs** fast .
주어

단계 **2** 주어의 앞으로 보낸다.

완성!

정답

How fast does Tom run?
(톰은 얼마나 빨리 달립니까?)

⑦ GOAL

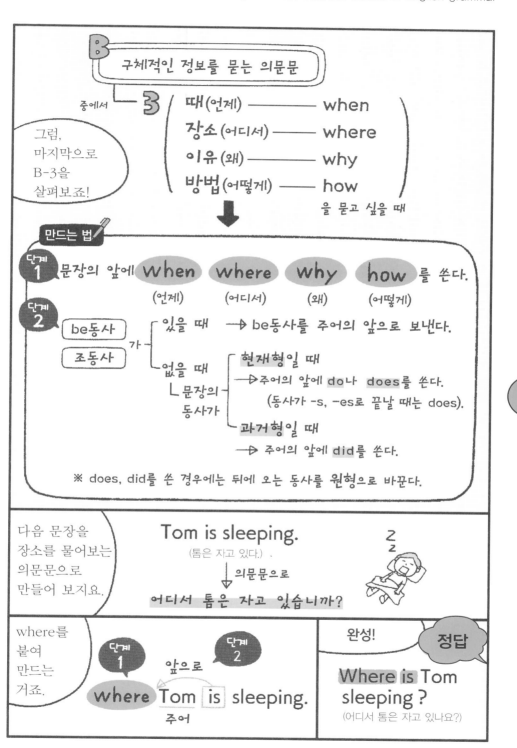

B 구체적인 정보를 묻는 의문문

중에서 3
때(언제) ———— when
장소(어디서) ———— where
이유(왜) ———— why
방법(어떻게) ———— how
을 묻고 싶을 때

그럼, 마지막으로 B-3을 살펴보죠!

만드는 법

단계 1 문장의 앞에 **when where why how** 를 쓴다.
(언제) (어디서) (왜) (어떻게)

단계 2
be동사
조동사 가
있을 때 ──→ be동사를 주어의 앞으로 보낸다.

없을 때
문장의 동사가
현재형일 때
──→ 주어의 앞에 **do**나 **does**를 쓴다.
(동사가 -s, -es로 끝날 때는 does).

과거형일 때
──→ 주어의 앞에 **did**를 쓴다.

※ does, did를 쓴 경우에는 뒤에 오는 동사를 원형으로 바꾼다.

다음 문장을 장소를 물어보는 의문문으로 만들어 보지요.

Tom is sleeping.
(톰은 자고 있다.)
↓ 의문문으로
어디서 톰은 자고 있습니까?

where를 붙여 만드는 거죠.

단계 1 앞으로 단계 2
where Tom **is** sleeping.
주어

완성! 정답

Where is Tom sleeping ?
(어디서 톰은 자고 있나요?)

요점을 확인해 보세요!

오늘은 의문문을 다뤄보겠습니다. 자신이 정보를 전달할 뿐만 아니라 상대방으로부터 정보를 끌어낼 수 있으면 의사소통이 원활해지고 대화의 폭도 지금보다 훨씬 넓어집니다.

의문문 상대로부터 정보를 끌어낸다

1 의문문은 크게 두 가지로 나눌 수 있다.

A yes인지, no인지를 묻는 의문문
B 구체적인 정보를 묻는 의문문

원 포인트!!

> 이 두 가지로 나누는 것이 의문문을 올바르게 만들기 위한 출발점이에요. 먼저 A의 yes인지, no인지를 묻는 의문문부터 살펴볼게요.

A yes인지, no인지를 묻는 의문문 만드는 법

2 be동사 또는 조동사가 문장 안에 있는 경우의 의문문

▼ 의문문을 만들어 보자!

(예) **Is Tom a singer?**
(톰은 가수입니까?)

순서1 먼저 '톰은 가수입니다'라는 뜻의 영문을 만든다.
→ Tom is a singer.

순서2 be동사를 주어의 앞으로 보낸다.
→ Tom is a singer. → is Tom a singer? (완성)

▼ 의문문을 만들어 보자!

(예) <u>Can Bob speak Spanish?</u>

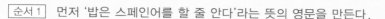

(밥은 스페인어를 할 줄 압니까?)

순서 1   먼저 '밥은 스페인어를 할 줄 안다'라는 뜻의 영문을 만든다.

→ Bob can speak Spanish.

순서 2   조동사를 주어의 앞으로 보낸다.

→ Bob can speak Spanish. → Can Bob speak Spanish? (완성)

원 포인트!!

문장의 맨 앞에 나오는 단어의 첫 글자는 대문자로 표기하고, 문장의 끝에는 마침표 대신 물음표(?)를 붙이는 게 의문문의 기본 규칙입니다.

3   문장 속에 be동사도 조동사도 없는 경우의 의문문

▼ 의문문을 만들어 보자!

(예) <u>Do they live in this town?</u>

(그들은 이 마을에 살고 있습니까?)

순서 1   먼저 '그들은 이 마을에 살고 있다'라는 뜻의 영문을 만든다.

→ They live in this town.

순서 2   동사가 현재형이므로 문장 맨 앞에 do나 does를 쓴다.

쓴다

→ They <u>live</u> in this town. → Do they live in this town? (완성)
　　　　동사는현재형

원 포인트!!

문장 He <u>lives</u> in this town.에서와 같이 동사가 -s나 -es로 끝날 때는 do가 아니라 does를 문장의 맨 앞에 쓰고 동사를 원형으로 바꿔줘야 해요.

1

2

3

4

5

6

7

▼ 의문문을 만들어 보자!

(예) Did Jack paint this picture?

(잭이 이 그림을 그렸습니까?)

순서 1 먼저 '잭이 이 그림을 그렸다'라는 뜻의 영문을 만든다.

→ Jack painted this picture.

순서 2 문장의 동사가 과거형이므로 문장의 맨 앞에 did를 쓰고 동사를 원형으로 바꾼다.

쓴다

→ Jack <u>painted</u> this picture.　　→　Did　Jack <u>paint</u> this picture?(완성)

동사는 과거형　　　　　　　　　원형으로 바꾼다

B 구체적인 정보를 묻는 의문문 만드는 법

4　구체적인 정보를 묻는 의문문의 대표적인 예는 다음 세 가지가 있다.

세 종류?

❶ 명사를 묻는 것
❷ 형용사 · 부사의 정도를 묻는 것
❸ 때 · 장소 · 이유 · 방법을 묻는 것

원 포인트!!

'네', '아니요'로 대답할 수 있는 의문문 외에도 '왜?', '어디서?'와 같은 식으로 구체적인 정보를 묻는 의문문이 있어요. 지금부터는 이 의문문 만드는 법을 알아볼게요.

5　명사(주어)를 물을 경우의 의문문

▼ 의문문을 만들어 보자!

(예) Who made this chair?

(누가 이 의자를 만들었습니까?)

왼쪽 세로 글씨:
의문문

상대로부터 정보를 끌어낸다

GOAL

순서1 먼저 '~가 이 의자를 만들었다'라는 뜻의 영문을 만든다.

→ ~ made this chair.

순서2 ~ 부분을 who로 바꾼다.

→ ~ made this chair. → Who made this chair? (완성)

주어를 묻는 경우는 묻고 싶은 부분의 말만 바꿔도 의문문이 완성된다.

원 포인트!!

> '무엇이'를 묻고 싶다면 what을, '어느 것이'를 묻고 싶다면 which를 사용해요.

6 명사(주어 이외의 것)를 묻는 경우의 의문문

▼ 의문문을 만들어 보자!

예 Who did Meg meet yesterday?
  (어제 메그는 누구를 만났습니까?)

순서1 먼저 '어제 메그는 ~을 만났다.'라는 뜻의 영문을 만든다.

→ Meg met ~ yesterday.

순서2 ~ 부분을 who로 바꾸고, 이것을 문장의 맨 앞으로 보낸다.

→ Meg met ~ yesterday. → Who Meg met yesterday.
                who

순서3 문장의 동사가 과거형이므로 주어의 앞에 did를 쓰고, 동사를 원형으로 바꾼다.

쓴다

→ Who Meg met yesterday. → Who did Meg meet yesterday. (완성)
        동사는 과거형   원형으로 쓴다

주어 이외의 명사를 물을 경우에는 묻고 싶은 부분의 말을 바꾼 후 문장의 맨 앞으로 보내고 be동사·조동사·do, does, did를 주어의 앞에 쓴다.

원 포인트!!

> 여기서도 '누가'가 아니라 '무엇이'를 묻고 싶다면 what, '어느 것'을 묻고 싶다면 which를 사용해요.

1
2
3
4
5
6

7

STEP 1

의문문

상대로부터 정보를 끌어낸다

7 형용사의 정도를 물어볼 경우의 의문문

▼ 의문문을 만들어 보자!

(예) How busy is she?

(그녀는 얼마나 바쁜가요?)

순서1 먼저 '그녀는 바쁘다'라는 뜻의 영문을 만든다.

→ She is busy. ※ 이 문장의 형용사 busy의 정도를 묻고 싶다.

순서1 busy 앞에 how를 쓰고 'how + busy'를 문장의 맨 앞으로 보낸다.

→ She is busy. → How busy she is.
→ how busy

순서3 be동사를 주어의 앞으로 보낸다.

→ How busy she is. → How busy is she? (완성)

8 부사의 정도를 묻는 의문문

▼ 의문문을 만들어 보자!

(예) How fast does Tom run?

(톰은 얼마나 빨리 달립니까?)

순서1 먼저 '톰은 빨리 달린다.'라는 뜻의 영문을 만든다.

→ Tom runs fast. ※이 문장의 부사 fast의 정도를 묻고 싶다.

순서2 fast 앞에 how를 쓰고 'how+fast'를 문장의 맨 앞으로 보낸다.

→ Tom runs fast. → How fast Tom runs.
→ how fast

순서3 동사에 −s가 붙어 있으므로 주어의 앞에 does를 쓰고 동사를 원형으로 바꾼다.

쓴다

→ How fast Tom runs. → How fast does Tom run? (완성)

동사에 −s가 붙어 있음

원 포인트!!

7의 경우와 마찬가지로 'how+ 부사'를 문장 맨 앞에 쓰는 것이 포인트입니다.

9 때, 장소, 이유, 방법을 묻는 의문문

▼ 의문문을 만들어 보자!

(예) <u>Where can I buy this watch?</u>

(이 시계는 어디서 살 수 있습니까?)

순서1 먼저 '나는 이 시계를 살 수 있다'라는 뜻의 문장을 만든다.

→ I can buy this watch.

순서2 문장의 맨 앞에 where를 쓴다.

쓴다

→ I can buy this watch. → Where I can buy this watch.

순서3 can을 주어 앞으로 보낸다.

→ Where I can buy this watch. → Where can I buy this watch? (완성)

원 포인트!!

장소를 물을 경우에는 where(어디서·어디에)를 쓰지만, 때를 묻는다면 when(언제), 이유를 묻는다면 why(왜), 방법을 묻는다면 how(어떻게)를 써요.

1

2

3

4

5

6

7

STEP 2

연습문제를 풀어보세요!

의문문

상대로부터 정보를 끌어낸다

1 다음 문장을 yes인지, no인지 묻는 의문문으로 바꿔 쓰세요.

(1) He is a doctor.

_____

(2) Tom is sleeping now.

_____

(3) This car was designed by a Japanese person.

_____

(4) There was a bag on the table.

_____

(5) I should do this job.

_____

(6) The story could be true.

_____

(7) Nick likes horses.

_____

(8) Bob sometimes goes to movie theaters.

_____

(9) Sam invented this machine.

_____

(10) The boys live in this town.

① ②

_____

2 다음 밑줄 친 부분을 묻는 의문문으로 바꿔 쓰세요.

③ ④

(1) Tom painted cats on the wall.

⑤

_____

(2) Alex ate my cake.

⑥

_____

(3) They call the dog Ted.

7

_____

(4) This is a lighter.

_____

(5) Jack drove my car.

_____

(6) Bob gave her a ring.

_____

(7) Tommy met <u>Lisa</u> in the shop.

_____

(8) <u>Something</u> happened here yesterday.

_____

3 다음 문장을 밑줄 친 부분의 정도를 묻는 의문문으로 바꿔 쓰세요.

(1) That bridge is <u>long</u>.

_____

(2) Jack <u>often</u> goes to the park.

_____

(3) This rock is <u>heavy</u>.

_____

(4) He is working <u>hard</u>.

_____

4 다음 문장을 오른쪽 지시에 따라 의문문으로 바꾸어 쓰세요.

(1) She is always crying. (이유를 묻는 문장으로)

_____

(2) Joe caught this wolf. (방법을 묻는 문장으로)

_____

(3) We can go home. (시간을 묻는 문장으로)

_____

(4) He bought a car. (장소를 묻는 문장으로)

_____

(5) You are kind to me. (이유를 묻는 문장으로)

_____

(6) I use this tool. (방법을 묻는 문장으로)

_____

(7) They will play tennis. (장소를 묻는 문장으로)

_____

(8) You are free. (시간을 묻는 문장으로)

_____

5 다음 문장을 영어로 쓰시오.

(1) 당신은 왜 이 대학교를 선택했습니까?

_____

(2) 그는 누구입니까?

_____

(3) 당신은 이 개를 무엇이라고 부릅니까?

_____

(4) 그의 키는 얼마나 됩니까?

_____

(5) 그들은 아이들을 어떻게 도울 생각입니까?

_____

(6) 우리는 런던에서 무엇을 해야 합니까?

_____

(7) 누가 이 의자를 만들었습니까?

_____

(8) 당신은 어디서 이 열쇠를 발견했습니까?

_____

의문문

상대로부터 정보를 끌어낸다

(9) 이 문은 언제 닫혔습니까?

_____

(10) 당신은 앞으로 얼마 후에 여기에 올 겁니까?

① ② ③ ④ ⑤ ⑥ 7

_____

(11) 이 도시에 공항이 있습니까?

_____

STEP 3

정답을 맞춰보세요!

1 (1) Is he a doctor? (2) Is Tom sleeping now? (3) Was this car designed by a Japanese person? (4) Was there a bag on the table? (5) Should I do this job? (6) Could the story be true? (7) Does Nick like horses? (8) Does Bob sometimes go to movie theaters? (9) Did Sam invent this machine? (10) Do the boys live in this town?

2 (1) What did Tom paint on the wall? (2) Who ate my cake? (3) What do they call the dog? (4) What is this? (5) Who drove my car? (6) What did Bob give her? (7) Who did Tommy meet in the shop? (8) What happened here yesterday?

3 (1) How long is that bridge? (2) How often does Jack go to the park? (3) How heavy is this rock? (4) How hard is he working?

4 (1) Why is she always crying? (2) How did Joe catch this wolf? (3) When can we go home? (4) Where did he buy a car? (5) Why are you kind to me? (6) How do I use this tool? (7) Where will they play tennis? (8) When are you free?

5 (1) Why did you choose this university? (2) Who is he? (3) What do you call this dog? (4) How tall is he? (5) How will they help the children? (6) What should we do in London? (7) Who made this chair? (8) Where did you find this key? (9) When was this gate closed? (10) How soon will you come here? (11) Is there an airport in this city?

1

(1) 정답 Is he a doctor?

(그는 의사입니까?)

(2) 정답 Is Tom sleeping now?

(톰은 지금 자고 있습니까?)

와이 쌤 1은 두 문제씩 볼게요. 맨 처음 두 문제는 어땠어요?

유리 이건 어렵지 않았어요.

와이 쌤 be동사와 주어 위치를 바꾸기만 하면 되니까요. 두 번째 문장은 진행형이군요.

(3) 정답 Was this car designed by a Japanese person?

(이 차는 일본인에 의해 디자인된 겁니까?)

(4) 정답 Was there a bag on the table?

(탁자 위에 가방이 있었습니까?)

와이 쌤 이건요?

유리 이것도 괜찮았어요. 그런데 문제 (4)는 좀 어려웠어요. 'be동사+there'를 써서 문장을 만들어본 적이 없어서요.

와이 쌤 be동사가 있는 문장은 그게 진행형이든, 수동태든 그 밖의 어떤 형태든 be동사를 주어 앞으로 보내면 yes인지, no인지를 묻는 의문문이 되죠.

유리 그런데 'There+be동사+명사' 형식의 문장에서는 there가 주어인가요?

와이 쌤 그렇죠. 형식상으로는 그게 주어라고 볼 수 있어요. 그러니까 (4)에서는 was를 there 앞으로 보내면 돼요.

유리 그렇군요.

와이 쌤 그러니까 '~가 있습니까?', '~가 있었습니까?'라고 묻는 문장은 'be동사+there+~?'형태로 표현할 수 있어요.

(5) 정답 Should I do this job?

(내가 이 일을 해야 할까요?)

(6) 정답 Could the story be true?

(그 이야기가 사실일 수 있을까요?)

와이 쌤 두 문장에는 조동사가 있네요.

유리 네. 그러니까 조동사를 문장 맨 앞에 썼어요. 문제 (6)에는 조동사와 be동사가 둘 다 있어서 좀 헷갈렸지만 조동사가 먼저 나오니까 조동사를 맨 앞에 썼어요.

와이 쌤 잘했어요. 여기서 could의 의미가 '가능'의 의미가 아니라는 건 알았죠?

유리 그럼요. '가능성'을 나타내잖아요. could는 can의 과거형이고요.

와이 쌤 그래요. '가능성'을 나타내는 거라서 '~일 수 있다'는 뜻이 되는 거예요.

(7) 정답 Does Nick like horses?

(닉은 말을 좋아합니까?)

(8) 정답 Does Bob sometimes go to movie theaters? (밥은 가끔 영화관에 갑니까?)

와이 쌤 이 두 문장에는 be동사나 조동사가 있나요?

유리 없는데요. does가 나올 차례군요.

와이 쌤 그렇죠. 근데 왜 do나 did가 아니라 does를 써야 하는지 알아요?

유리 문제 (7)의 like에는 -s가 있고, (8)의 go에는 -es가 있기 때문이죠.

와이 쌤 잘 알고 있네요. 동사에 -s나 -es가 붙어 있는 경우는 do가 아니고 does를 써야 하는 거예요. 그리고 동사를 원형으로 바꿔야 하고요.

유리 그건 틀렸지 뭐예요.

와이 쌤 동사 원형 쓰는 걸 잊었어요?

유리 네. likes와 goes를 그대로 놔뒀거든요.

와이 쌤 그랬군요. 그런 실수를 하는 사람이

정말 많아요.

🐱 유리 ▶ 주의해야겠네요.

(9) 정답 Did Sam invent this machine?
(샘이 이 기계를 발명했습니까?)

(10) 정답 Do the boys live in this town?
(그 소년들은 이 마을에 사나요?)

🐱와이쌤 ▶ 문제 (9)에서는 did를 썼어요. (10)에서는 do를 썼고요. 그 이유를 설명할 수 있겠어요?

🐱 유리 ▶ 네. 문제 (9)는 동사가 과거형 invented이기 때문에 did를 써야 해요. (10)번 문장은 과거형도 아니고, -s나 -es도 붙어 있지 않기 때문에 do를 써야 하고요.

🐱와이쌤 ▶ 잘 알고 있군요. did를 쓰는 경우에는 주의해야 할 게 있어요. 동사를 반드시 원형으로 써야 한다는 거 말이에요.

🐱 유리 ▶ invented를 그대로 써 버렸어요.

🐱와이쌤 ▶ 이 부분은 실수하는 사람이 엄청 많아요. 아무튼 does나 did를 써서 의문문을 만들 경우에는 뒤에 오는 '동사를 원형으로 바꿔줘야 한다'는 걸 의식해야 해요.

🐱 유리 ▶ 예. 명심하겠습니다!

2

(1) 정답 What did Tom pain the wall?
(톰은 벽에 무엇을 그렸습니까?)

🐱와이쌤 ▶ 문제 2 문장을 볼게요.

Tom painted <u>cats</u> on the wall.
(톰은 벽에 고양이를 그렸다.)

유리 씨, 밑줄 친 곳의 품사가 뭐죠?

🐱 유리 ▶ 명사요.

🐱와이쌤 ▶ 그래요. 명사를 물어보는 경우는 그

명사가 '주어인지, 주어가 아닌지'를 확인해야 해요.

🐱 유리 ▶ 의문문을 만드는 방법이 다르기 때문이죠?

🐱와이쌤 ▶ 그래요. 그 명사가 주어인 경우에는 물어보고 싶은 부분을 who, what, which로 바꿔주면 끝이죠. 그런데 주어가 아닌 경우에는 who, what, which로 바꾼 다음에 몇 가지 작업이 더 필요해요.

🐱 유리 ▶ 네.

🐱와이쌤 ▶ 그 작업을 확인해보기로 하죠. 먼저 who, what, which를 문장 맨 앞에 써야겠지요. 그리고 조동사나 be동사를 주어 앞에 쓰고, do, does, did도 주어의 앞에 써야 하죠. 물론 does, did를 썼을 경우에는 동사를 원형으로 바꿔주는 것도 잊어서는 안 되고요.

🐱 유리 ▶ 좀 복잡하네요. 그에 비하면 주어를 묻는 경우는 쉬운 것 같아요.

🐱와이쌤 ▶ 주어를 의문사로 바꿔주기만 하면 끝이니까요. 자, 이 문장의 cats는 주어인가요? 주어가 아닌가요?

🐱 유리 ▶ 주어가 아니에요.

🐱와이쌤 ▶ 그렇죠. 그러니까 우선은 cats를 what으로 바꿔서 이걸 문장 맨 앞에 쓰고, 그 다음에 주어 앞에 did를 쓰는 거죠. painted는요?

🐱 유리 ▶ 원형인 paint로 써야죠!

🐱와이쌤 ▶ 맞아요. 그런데 유리 씨, who나 what, which를 구분해 쓰는 건 어렵지 않죠?

🐱 유리 ▶ 네. 사람을 묻는다면 who, 사물이라면 what, '어느 것'인지 묻는다면 which를 쓰면 되잖아요.

🐱와이쌤 ▶ 대단하군요. who는 '누가'이고 what은 '무엇'이라는 뜻이죠. which는 사람이든, 사물이든 수가 제한된 범위에서 고를 경우에 쓰는 말이에요.

(2) 정답 Who ate my cake?

(누가 내 케이크를 먹었습니까?)

와이 쌤 우선 문제를 살펴볼게요.

Alex ate my cake.

(알렉스가 내 케이크를 먹었다.)

유리 밑줄 친 부분은 주어잖아요.

와이 쌤 그렇죠. 그러니까 이걸 바꿔주면 끝이죠. 무엇으로 바꿔야 할까요?

유리 Alex는 사람이니까 who죠.

와이 쌤 OK!

(3) 정답 What do they call the dog?

(그들은 그 개를 뭐라고 부르나요?)

와이 쌤 주어진 문장은 이거지요.

They call the dog Ted.

(그들은 그 개를 테드라고 부른다.)

유리 밑줄 친 부분은 주어가 아니네요.

와이 쌤 네. 그러니까 Ted를 what으로 바꿔야 겠지요. 유리 씨, 그 다음엔 어떻게 하죠?

유리 what을 문장의 맨 앞에 쓰고, 주어 they의 앞에 do를 써야죠.

와이 쌤 맞아요. 완성한 의문문에서는 what을 '뭐라고'로 해석한다는 것도 주의해야 해요.

유리 문제에서 밑줄 친 부분을 '테드'라고 해석하기 때문이죠?

와이 쌤 그래요. what, who, which는 묻고 싶은 명사에 붙여 해석했던 조사를 그대로 해석하면 되거든요.

유리 조사는 '가', '를', '에게'와 같은 말이 잖아요.

와이 쌤 네. 이 문장의 '라고'도 조사죠.

(4) 정답 What is this?

(이것은 무엇입니까?)

와이 쌤 우선 평서문을 볼게요.

This is a lighter. (이것은 라이터다.)

유리 밑줄 친 부분은 주어가 아니에요.

와이 쌤 그러니까 a lighter를 what으로 바꿔서 문장 맨 앞에 쓰고, is를 this의 앞으로 보낸 거죠.

유리 그런데 정답 What is this? 말이에요. '이것은 무엇입니까?'라고 하지 않고 '이건 뭐야?'라고 해석해도 되나요?

와이 쌤 물론이죠. '이게 뭘까?'라고 해석해도 되고, '이게 뭐지?', '이게 뭐니?'라고 해석해도 돼요.

(5) 정답 Who drove my car?

(누가 내 차를 운전했습니까?)

와이 쌤 이것도 평서문을 볼게요.

Jack drove my car. (잭이 내 차를 운전했다.)

유리 밑줄 친 부분은 주어죠.

와이 쌤 그러니까 잭을 who로 바꾸면 끝인 거죠.

유리 역시 주어를 묻는 건 간단하군요.

와이 쌤 단, 문장 끝에 '?'를 붙이는 것을 잊지 마세요.

(6) 정답 What did Bob give her?

(밥은 그녀에게 무엇을 주었습니까?)

와이 쌤 평서문을 볼게요.

Bob gave her a ring.

(밥은 그녀에게 반지를 주었다.)

STEP 3

상대로부터 정보를 끌어낸다

의문문

유리 밑줄 친 부분은 주어가 아니네요.

와이 쌤 그러니까 what으로 바꾼 후에 더 작업을 해야지요. 어떤 작업일까요?

유리 what을 문장 맨 앞에 쓰는 작업과 주어 Bob 앞에 did를 쓰고 gave를 원형 give로 바꿔주는 작업이요.

와이 쌤 잘하는데요! 완성된 의문문에서는 what을 '무엇을'이라고 해석하면 돼요.

유리 평서문에서 묻고 싶은 부분이 '반지를' 이기 때문이군요.

와이 쌤 맞아요! 그러니까 같은 조사 '를'을 붙여서 해석하면 됩니다.

(7) 정답 Who did Tommy meet in the shop? (토미는 그 가게에서 누구를 만났습니까?)

와이 쌤 우선은 평서문과 해석을 보기로 하지요.

Tommy met Lisa in the shop.
(토미는 그 가게에서 리사를 만났다.)

유리 밑줄 친 부분은 주어가 아니잖아요.

와이 쌤 맞아요. 그러니까 Lisa를 who로 바꾼 다음에, 이걸 문장 맨 앞에 쓰는 작업과, 주어 앞에 did를 쓰고 met을 원형 meet으로 바꾸어야 해요.

유리 네. 이젠 이런 문장에도 꽤 익숙해져서 문제없어요.

(8) 정답 What happened here yesterday?
(어제 여기서 무슨 일이 있었어요?)

와이 쌤 2의 마지막 문제네요. 이것도 우선은 평서문과 해석을 볼게요.

Something happened here yesterday.
(어제 여기서 무슨 일이 있었다.)

유리 밑줄 친 부분은 주어네요.

와이 쌤 그렇죠. 그러니까 what으로 바꾸기만 하면 그걸로 의문문 작업 끝이에요.

3

(1) 정답 How long is that bridge?
(저 다리는 얼마나 길어요?)

와이 쌤 3은 형용사의 정도와 부사의 정도를 묻는 문제네요. 여기서도 우선은 평서문과 해석을 보기로 하지요.

That bridge is long. (저 다리는 길다.)

유리 long은 형용사네요.

와이 쌤 유리 씨, 형용사의 정도나, 부사의 정도를 물을 때 사용하는 의문사는 뭐였죠?

유리 how요.

와이 쌤 그렇죠. 정도를 묻고 싶은 형용사나 부사 앞에 how를 붙여서 'how+형용사', 'how+부사'로 시작하는 의문문을 만드는 거예요.

유리 여기서는 how long으로 시작하는 문장을 만들면 되겠네요.

와이 쌤 그래요. 근데 이게 끝이 아니에요. yes인지, no인지를 묻는 의문문을 만들 때와 똑같은 작업을 해야 하죠.

유리 이 문장에는 be동사 is가 있으니까 이걸 주어 that bridge 앞에 써야겠네요.

와이 쌤 맞았어요. 참고로 long이라는 말은 이 문장에서는 형용사이지만, 부사로 쓰이기도 해요. 넷째 날에 '형용사이자 부사'인 단어도 많다고 했죠. long도 바로 그 중 하나예요. '긴', '오랜'이 아니라 '길게', '오래'라는 의미로 쓰이기도 한다는 거죠. 예문을 두 개 정도 들어 볼게요.

She didn't study English long.
(그녀는 영어를 오래 공부하지 않았다.)
Have you known her long?
(그녀를 오래 알고 있나요? → 그녀와는 오래 알고 지냈어요?)

(2) 정답 How often does Jack go the park? (잭은 얼마나 자주 공원에 갑니까?)
🐑와이 쌤▶ 이것도 우선은 평서문과 해석을 보기로 하지요.

Jack often goes to the park.
(잭은 자주 공원에 간다.)

😀 유리▶ often에 밑줄이 그어져 있어요. 이 단어는 넷째 날에 나왔어요.
🐑와이 쌤▶ 잘 기억하고 있네요! often은 빈도를 나타내는 부사예요. 자, 이 문장의 often의 정도를 묻고 싶어요. 유리 씨, 그걸 묻기 위한 순서를 설명해 보세요.
😀 유리▶ 네. 먼저 how를 often 앞에 붙여요. 그리고 how often을 문장 맨 앞에 쓰고요. 그리고 주어 앞에 does를 쓴 다음에 goes를 원형 go로 바꿔줘야죠.
🐑와이 쌤▶ 설명 완벽해요! 아무튼 how와 형용사, how와 부사는 세트로 해서 문장 맨 앞에 써야 한다는 걸 알아두어야 해요.

(3) 정답 How heavy is this rock?
(이 바위는 얼마나 무거워요?)
🐑와이 쌤▶ 이것도 우선은 평서문과 해석을 볼게요.

This rock is heavy. (이 바위는 무겁다.)

😀 유리▶ heavy는 형용사죠.
🐑와이 쌤▶ 그렇죠. heavy의 정도를 물어보려면

우선은 heavy 앞에 how를 써서 how heavy를 문장 맨 앞으로 보내고 마지막에는?
😀 유리▶ is를 this rock 앞으로 보내는 거죠.
🐑와이 쌤▶ be동사나 조동사가 있는 문장은 do, does, did를 생각하지 않아도 되니까 간단하죠.

(4) 정답 How hard is he working?
(그는 얼마나 열심히 일하고 있어요?)
🐑와이 쌤▶ 3의 마지막 문제네요. 먼저 평서문과 해석을 보기로 하죠.

He is working hard.
(그는 열심히 일하고 있다.)

😀 유리▶ hard는 '열심히'라는 뜻이죠?
🐑와이 쌤▶ 네, 맞아요. 동사 working을 꾸며주고 있기 때문에 이 hard는 부사예요. 하지만 예를 들어 This metal is hard.(이 금속은 단단하다.)라는 문장의 hard는 형용사죠.
😀 유리▶ hard도 '형용사이자 부사'군요.
🐑와이 쌤▶ 맞아요. 그럼 유리 씨, 위 문장의 hard의 정도를 물으려면 어떻게 해야 하는지 설명해 보세요.
😀 유리▶ 네. 우선은 hard 앞에 how를 쓴 다음에 how hard를 문장 맨 앞으로 보내요. 그리고 마지막에 is를 he 앞으로 보내면 되죠.
🐑와이 쌤▶ 대단한데요! 이 문장도 be동사가 있으니까 의문문 만들기가 간단하죠?
😀 유리▶ 네. 근데 물어보고 싶은 게 있는데요. how는 정도를 묻는 말이잖아요. 그렇다면 이 how를 '어느 정도'라고 해석해도 될까요?
🐑와이 쌤▶ 네, 상관없어요. 그러니까 완성된 문장의 해석은 '그는 어느 정도로 열심히 일하고 있어요?'라고 해석해도 되는 거죠. 좋은 질문이에요.
😀 유리▶ 감사합니다.

1
2
3
4
5
6
7

의문문

상대로부터 정보를 끌어낸다

4

(1) [정답] Why is she always crying?
(왜 그녀는 항상 울고 있습니까?)

(2) [정답] How did Joe catch this wolf?
(어떻게 조는 이 늑대를 잡았습니까?)

(3) [정답] When can we go home?
(언제 우리는 집에 갈 수 있습니까?)

(4) [정답] Where did he buy a car?
(어디서 그는 차를 샀습니까?)

와이 쌤▶ 여기서는 네 문제를 한꺼번에 볼게요. 위 문제는 때·장소·이유·방법을 묻고 있군요. 유리 씨, 각 문제에 의문사를 어떻게 사용해야 할까요?

유리▶ 네. 때라면 when, 장소라면 where, 이유라면 why, 방법이라면 how를 써야죠.

와이 쌤▶ 그렇죠. when, where, why, how는 '언제', '어디서', '왜', '어떻게'라는 뜻이죠.

유리▶ 문제 ③에서도 how가 나왔어요.

와이 쌤▶ 네. 그 how는 정도를 묻기 위한 거였어요. 그러니까 '얼마나', '어느 정도로'라는 뜻이었어요. 그런데 여기서 나온 how는 방법을 묻기 위한 것이기 때문에 '어떻게', '어떻게 해서'라는 뜻이죠.

유리▶ 방법을 묻기 위한 말이라면, '방법'이라는 말을 써서 해석해도 될까요?

와이 쌤▶ 상관없어요. when, where, why도 마찬가지예요. 다시 말하면 각각 '때', '장소', '이유'라는 말을 써서 해석해도 되는 거죠. 정리해 볼게요.

✓ CHECK

✓ when : 언제, 어느 때에
✓ where : 어디에, '어떤 장소에
✓ why : 왜, 어떤 이유로
✓ how : 어떻게, 어떤 방법으로

와이 쌤▶ 그런데 (1)부터 (4)까지 정답 잘 썼어요?

유리▶ 네. 썼어요. ②, ③ 문제에 비하면 간단한 편이었어요.

와이 쌤▶ 주어인지 아닌지 생각하거나 세트로 문장 맨 앞으로 보내는 등의 작업이 없으니까요.

유리▶ 네. 부담스럽지 않은 문제였어요.

(5) [정답] Why are you kind to me?
(당신은 왜 나에게 친절하게 대해주는 건가요?)

(6) [정답] How do I use this tool?
(이 도구는 어떻게 사용합니까?)

(7) [정답] Where will they play tennis?
(그들은 어디에서 테니스를 칠까요?)

(8) [정답] When are you free?
(당신은 언제 한가한가요?)

와이 쌤▶ 이 네 문제는 어땠어요?

유리▶ 이것도 어렵지 않았어요.

와이 쌤▶ 어쨌든 때, 장소, 이유, 방법을 묻는 문장은 먼저 문장의 맨 앞에 when, where, why, how를 쓰고 나머지는 yes인지, no인지 묻는 의문문 만들 때와 똑같이 하면 되지요.

5

(1) [정답] Why did you choose this university?

와이 쌤▶ 이제 마지막 문제네요. 이번엔 우리말을 바로 영어로 옮기기에 도전하는 문제예요.

먼저 (1)번 문장은 잘 풀었어요?

유리 네. 이유를 묻는 문장이라는 걸 알았기 때문에 why를 써서 의문문을 만들었어요.

와이 쌤 잘했네요. 어떤 식으로 완성했어요?

유리 우선 You chose this university. (당신은 이 대학을 선택했다.)라는 문장을 만들었어요. 이걸 출발점으로 해서 이유를 묻는 의문문 만드는 순서대로 했지요.

와이 쌤 그러니까 문장 맨 앞에 why를 쓴 다음에 주어 앞에 did를 쓰고, chose를 원형 choose로 바꿨다는 거죠?

유리 네.

(2) **정답** Who is he?

와이 쌤 이 문제는 잘 풀었어요?

유리 네. 잘 썼어요.

와이 쌤 어떤 식으로 완성했어요?

유리 우선 He is ~.라는 문장을 생각했어요. 이 '~' 부분을 묻는 문장이라는 걸 알았기 때문에 여기서 Who is he?라는 문장을 완성했어요.

와이 쌤 '~' 부분은 예를 들어 He is X.와 같이 알파벳으로 생각해도 되고 구체적인 단어를 넣어도 돼요. 예를 들어 He is Tom.과 같은 문장을 생각해도 돼요.

유리 네.

(3) **정답** What do you call this dog?

와이 쌤 이 문제는 어땠어요? 좀 어렵지 않았어요?

유리 '무엇이'도 아니고 '무엇을'도 아니고 '뭐라고'라서 좀 고민하긴 했는데. (2)의 경우처럼 먼저 평서문을 생각해봤어요.

와이 쌤 평서문은 어떤 문장일까요?

유리 You call this dog ~.이죠.

와이 쌤 그렇죠. 이걸 알면 이제 '~'에 해당

하는 부분을 what으로 바꾼 다음 이걸 문장 맨 앞으로 보내고, 주어 앞에 do를 쓰기만 하면 되잖아요.

유리 네.

와이 쌤 어쨌든 의문문을 만들다가 헷갈리면 평서문을 잘 생각해 보는 습관을 들였으면 해요. 평서문을 바르게 설정하면 나머지는 순서에 따라 의문문으로 만들기만 하면 되니까요.

유리 의문문이 헷갈리면 평서문으로 생각해보자!

와이 쌤 그래요. 한번 읊어볼까요? 의문문이 헷갈리면 평서문으로 생각해 보자.

유리 그렇군요! 이 표어, 쓸 만하니까 기억해둬야겠어요.

(4) **정답** How tall is he?

와이 쌤 이 문제는 어땠어요?

유리 이건 평서문을 생각하지 않아도 바로 How tall is he?라는 문장이 만들어졌는데요.

와이 쌤 단순한 문장의 경우는 바로 의문문을 만들 수도 있지요. 익숙해지면 복잡한 문장도 즉시 의문문을 만들 수 있게 될 거예요. 먼저 평서문을 말해 볼래요?

유리 He is tall.인가요?

와이 쌤 정답. 이 문장의 tall 앞에 how를 써서 how tall을 만들고 이걸 문장 맨 앞으로 보낸 다음 마지막에 is를 he 앞에 쓰면 완성이죠.

(5) **정답** How will they help the children?

와이 쌤 이건 어땠어요?

유리 못했어요. '어떻게, 어떤 방법으로'라는 말은 how를 쓰면 된다는 건 알았는데, 미처 will을 생각하지 못했거든요.

와이 쌤 '~할 생각'이니까 의지를 나타내는 말이 필요해요. 넷째 날에 배웠는데 will은 '의지'를 나타내죠?

STEP 3

의문문

상대로부터 정보를 끌어낸다

유리 네. 그리고 child를 복수형 children으로 바꾸는 것도 깜빡했어요.

와이 쌤 평서문을 볼게요.

They will help the children.
(그들은 아이들을 도울 것이다.)

유리 이 문장이 있으면 나머지는 할 수 있습니다.

와이 쌤 평서문을 준비하는 게 얼마나 중요한지 잘 알 수 있겠지요.

(6) 정답 What should we do in London?

와이 쌤 이 문장은 평서문으로 만들었어요? 그러니까, We should do~in London. 이런 문장으로 만들었어요?

유리 네. 처음에는 바로 영문으로 하려고 했는데, 잘 되지 않아서 평서문을 만들어봤어요.

와이 쌤 여기도 평서문으로 해결했군요.

(7) 정답 Who made this chair?

와이 쌤 이건 어땠어요?

유리 '누가'라서 주어를 묻고 있다는 걸 알았어요. 비교적 쉽게 영문을 완성했어요.

와이 쌤 평서문은 ~made this chair.지요. 주어를 묻고 있으니까 who로 바꿔주면 끝이에요.

(8) 정답 Where did you find this key?

와이 쌤 장소를 묻는 문장이네요. 문장의 맨 앞에 where를 써야 할까요?

유리 네. 먼저 You found this key.라는 문장을 만들었어요. 그런 다음 문장 맨 앞에 where를 쓰고 you 앞에 did를 썼어요. found는 원형 find로 바꾸고요.

와이 쌤 잘했어요.

(9) 정답 When was this gate closed?

와이 쌤 이 문장은 좀 어려웠을 것 같은데….

유리 네. 못 풀었어요.

와이 쌤 수동태 문장을 제대로 만드는 게 중요해요. 침착하게 평서문을 만들어 볼까요? 어떻게 만들면 될까요?

유리 수동태 문장은 This gate was closed.인가요?

와이 쌤 그래요. 이게 되면, 이제 때를 묻는 순서대로 하면 돼요.

유리 네. 문장의 맨 앞에 when을 쓰고, was를 this gate 앞에 쓰는 거죠.

와이 쌤 해냈네요!

유리 와, 풀었어요.

(10) 정답 How soon will you come here?

유리 이건 손을 댈 수가 없었어요. how를 써야 하나보다 정도밖에 아는 게 없었거든요.

와이 쌤 이 문제는 잘 못 푸는 사람이 많을 것 같아요. '앞으로 얼마 후에'라고 하는 건 말하자면 '어느 정도 지나면'이라는 뜻이죠.

유리 네. 이건 '얼마나 곧' 올 것인지 정도를 묻는 문장인 거죠?

와이 쌤 맞아요. '곧'을 가리키는 단어는 뭘까요?

유리 생각이 안 나요.

와이 쌤 soon이죠. 이걸 바탕으로 평서문을 만들어 보세요.

유리 음, '~할 것이다', '~할 생각이다'는 will이니까 You will come here soon.이죠?

와이 쌤 잘했어요! 이제 이 문장을 부사 soon의 정도를 묻는 문장으로 바꾸기만 하면 돼요.

유리 soon 앞에 how를 써서 how soon을 문장 맨 앞에 보내고 will을 you 앞에 쓰는 거죠.

와이 쌤 맞아요.

(11) [정답] Is there an airport in this city?

🎧와이 쌤▶ 이제 마지막 문제네요. '~가 있습니까?'라는 표현은 평서문도 포함해서 정리할게요.

[✓CHECK]

✓ There is [are] ~. (~가 있다)
  ⇩ yes인지, no인지 묻는 문장
✓ Is [Are] there ~? (~가 있습니까?)

🎧와이 쌤▶ 이상으로 7일간의 특강을 마치겠습니다!

EPILOGUE

에필로그

수업을 마치고

보충 Supplement

둘째 날에 대한 보충

be동사의 현재형과 과거형

〈현재형〉
- 주어가 I인 경우에는 am을 쓴다.
- 주어가 you 또는 복수인 경우에는 are를 쓴다.
- 주어가 3인칭(나, 우리, 너, 너희를 제외한 사람이나 사물) 단수(한 사람, 1개)인 경우에는 is를 쓴다.

〈과거형〉
- 주어가 you 또는 복수일 경우에는 were를 쓴다.
- 주어가 you 또는 복수를 제외한 나머지의 경우에는 was를 쓴다.

다섯째 날에 대한 보충 ①

예외적인 동사+ing형

동사+ing형은 동사 원형에 -ing를 붙여 만든다. 단, 다음의 경우는 예외다.
① '자음+e'로 끝나는 동사는 e를 빼고 -ing를 붙인다.
   [예] move 〈원형〉→ moving 〈ing형〉

② ie로 끝나는 동사는 ie를 y로 바꾸고 -ing를 붙인다.
   [예] tie 〈원형〉→ tying 〈ing형〉

③ 〈단모음+자음〉으로 끝나는 동사는 마지막 자음을 한 번 더 쓰고 -ing를 붙인다.
   [예] sit 〈원형〉→ sitting 〈ing형〉

여섯째 날에 대한 보충

현재완료 have와 has의 구분

현재완료는 have/has+과거분사로 나타낸다.
have와 has는 다음과 같이 구분하여 쓴다.
- 주어가 I(나), you(너, 너희들), 복수인 경우 → have를 쓴다.
- 주어가 3인칭 단수인 경우 → has를 쓴다.

다섯째 날에 대한 보충

불규칙 동사 목록

네 가지 패턴으로 나눠 대표적인 예를 제시한다.
왼쪽부터 순서대로 '원형 – 과거형 – 과거분사형'이다.

[패턴 1] 과거형과 과거분사형이 원형과 같은 형태인 것

비용이 들다	cost	cost	cost		그만두다	quit	quit	quit
베다, 자르다	cut	cut	cut		읽다	read	read	read
때리다, 치다	hit	hit	hit		놓다	set	set	set
다치게(아프게) 하다	hurt	hurt	hurt		닫다	shut	shut	shut
하도록 허용하다	let	let	let		두드리다, 이기다	beat	beat	beat
놓다, 두다	put	put	put			beat	beat	beaten

[패턴 2] 과거형과 과거분사형이 원형과 다른 형태인 것

가져오다, 데려오다	bring	brought	brought		의미하다	mean	meant	meant
(건물을) 짓다	build	built	built		만나다	meet	met	met
사다	buy	bought	bought		지불하다	pay	paid	paid
잡다	catch	caught	caught		말하다	say	said	said
먹이를 주다, 공급하다	feed	fed	fed		팔다	sell	sold	sold
느끼다	feel	felt	felt		보내다	send	sent	sent
발견하다	find	found	found		쏘다, 발사하다	shoot	shot	shot
가지다	have	had	had		빛나다, 반짝이다	shine	shone	shone
듣다, 들리다	hear	heard	heard		앉다	sit	sat	sat
들다, 갖고 있다	hold	held	held		자다	sleep	slept	slept
유지하다, 계속 있다	keep	kept	kept		(돈을) 쓰다, (시간을) 보내다	spend	spent	spent

놓다, 두다	lay	laid	laid
이끌다	lead	led	led
떠나다, 남기다	leave	left	left
빌려주다	lend	lent	lent
잃어버리다, 분실하다	lose	lost	lost
만들다	make	made	made

일어서다	stand	stood	stood
가르치다	teach	taught	taught
말하다	tell	told	told
생각하다	think	thought	thought
이해하다	understand	understood	understood
이기다	win	won	won

[패턴 3] 과거분사형만 원형과 같은 것

되다	become	became	become
오다	come	came	come

달리다	run	ran	run

[패턴 4] 원형, 과거형, 과거분사형이 모두 다른 것

시작하다	begin	began	begun
부수다	break	broke	broken
고르다	choose	chose	chosen
하다	do	did	done
그리다, 끌어당기다	draw	drew	drawn
마시다	drink	drank	drunk
운전하다	drive	drove	driven
먹다	eat	ate	eaten
떨어지다	fall	fell	fallen
날다	fly	flew	flown
잊다	forget	forgot	forgotten
주다	give	gave	given
가다	go	went	gone
성장하다	grow	grew	grown
숨기다	hide	hid	hidden
알다	know	knew	known
눕다, 놓여있다	lie	lay	lain
타다	ride	rode	ridden

오르다, 올라가다	rise	rose	risen
보다	see	saw	seen
흔들리다, 흔들다	shake	shook	shaken
노래하다	sing	sang	sung
말하다	speak	spoke	spoken
훔치다	steal	stole	stolen
수영하다	swim	swam	swum
잡다, 집다	take	took	taken
찢다	tear	tore	torn
던지다	throw	threw	thrown
입다	wear	wore	worn
쓰다	write	wrote	written
깨물다	bite	bit	bitten
	bite	bit	bit
얻다, 입수하다	get	got	gotten
	get	got	got
보여주다	show	showed	shown
	show	showed	showed

만화로 쉽게 배운다!
기초 영문법 7일 만에 끝내기 워크북

2021. 2. 26. 초 판 1쇄 인쇄
2021. 3. 5. 초 판 1쇄 발행

지은이 | 사와이 고스케
만 화 | 세키야 유카리
감 역 | 박원주
옮긴이 | 김선숙
펴낸이 | 이종춘
펴낸곳 | BM (주)도서출판 성안당
주소 | 04032 서울시 마포구 양화로 127 첨단빌딩 3층(출판기획 R&D 센터)
     | 10881 경기도 파주시 문발로 112 파주 출판 문화도시(제작 및 물류)
전화 | 02) 3142-0036
     | 031) 950-6300
팩스 | 031) 955-0510
등록 | 1973. 2. 1. 제406-2005-000046호
출판사 홈페이지 | www.cyber.co.kr
ISBN | 978-89-315-8167-6 (13740)
정가 | 12,000원

이 책을 만든 사람들
책임 | 최옥현
진행 | 김해영
교정·교열 | 김해영, 안혜희
본문 디자인 | 김인환
표지 디자인 | 임진영
홍보 | 김계향, 유미나
국제부 | 이선민, 조혜란, 김혜숙
마케팅 | 구본철, 차정욱, 나진호, 이동후, 강호묵
마케팅 지원 | 장상범, 박지연
제작 | 김유석